SHODENSHA
SHINSHO

詭《き》弁《べん》社会

——日本を蝕む〝怪物〟の正体

山崎雅弘

祥伝社新書

はじめに

いま日本の社会で、二匹の怪物がうろついています。

一匹は「ウソ」、もう一匹は「詭弁《きべん》」です。

この二匹は、同じ親から生まれた子どもらしく、習性はそれぞれ違いますが、一緒に行動することも多い、仲のいい兄弟です。

この二匹の怪物は、人間社会の理性や良識を食い散らかして壊してしまう、おそろしい存在です。特に、政治の中枢にこの二匹の怪物が入り込めば、建設的な議論は成立しなくなり、子どもの口げんかのような低次元な罵《のの》りとはぐらかしを、いい年をした大人たちが恥ずかしげもなく、国の最高議会（国会）で口にするようになります。

国会議員や高級官僚などの立派な肩書を持つ大人の態度を、幼稚な子どものそれに変えてしまう不思議な力を、この二匹の怪物は持っています。

さすがに「こんな状態はおかしい」という現実に気づく人が出始め、怪物を社会から追い出そうという努力が、あちこちで始まっています。

けれども、その多くは、比較的見つけやすい「ウソ」に注《そそ》がれ、それよりも見つけにくい「詭弁」に目を向ける人は少ない様子です。

誰かのウソを見抜くのは比較的簡単ですが、詭弁を見抜くためには、その論が本来あるべき「正しい筋」を頭の中で組み立てる「論理力」が必要とされるからです。

そこで、本書では、日本の社会、とりわけ政治の中枢を動き回る、詭弁という怪物の姿に焦点を当て、それが「正しくない論」であることを指摘し、人間社会の理性や良識、建設的な議論を壊す怪物を、一匹ずつ仕留めて数を減らしていこうと思います。

新村出《しんむらいずる》編『広辞苑』第七版（岩波書店）で「詭弁」の意味を引くと、「命題や推理に関する論理的操作によって生ずる、一見もっともらしい推論（ないしはその結論）で、何らかの誤謬《ごびゅう》を含むと疑われるもの。相手をあざむいたり、困らせる議論の中で使われる」とあります。

人間の論理的思考に入り込み、判断を狂わせる詭弁は、目に見えず、その存在に気づかれにくいという面では、ウイルスにも似ています。

政治家や社会的影響力のある人間（インフルエンサー）が、意識的に、あるいは無自覚に詭弁を口から吐いて社会に広めている時、それに気づいて対処しなければ「感染」が拡大し、気がつくと社会全体が「詭弁に乗っ取られた状態」になってしまいます。

これを防ぐには、さまざまな「詭弁のパターーン」を事例研究（ケーススタディ）のような形で読み解き、構造を解析し、そのパターーンに合致する詭弁を誰かが使った時、誰もが「これはあの詭弁パターーンの派生形だ」と気づけるようにする必要があります。

多様なパターーンを持つ詭弁の種類と派生形をあらかじめ知っておくことで、うっかり詭弁にだまされる可能性は低くなります。

つまり、詭弁の分析とその類型の社会的共有は、社会全体に詭弁が広がるのを防ぐためのの、いわば「ワクチン」のような効果を持つのです。

テレビのニュースやSNSの投稿などを見ている時、この人の言うことは何かおかしいように感じるけれど、何がどうおかしいのかをすぐに指摘できず、モヤモヤする。

そんな経験を持つ人は、いまの日本社会に多いのではないかと思いますが、本書はそんな「おかしさ」の正体と構造を、さまざまな角度から読み解く試みです。

詭弁についての予備知識をあらかじめ頭に入れておけば、つまり「詭弁ワクチン」を体内に取り込んでおけば、一見もっともらしい言葉の羅列で語られる詭弁になんとなくだまされることは減ると思いますし、霧のように頭の中に漂っていた気持ち悪いモヤモヤも、すっきりと晴れるのではないかと思います。

それではまず、現代の日本社会でよく使われる詭弁のパターンについて、一つずつ検証していくことにしましょう。

目次——詭弁《きべん》社会　日本を蝕む〝怪物〟の正体

第二部　人間の思考を狂わせる「詭弁というウイルス」

第三部 過去の歴史と現代の歴史認識に見られる詭弁

DTP　アルファヴィル・デザイン

第一部

現代日本社会に蔓延する「詭弁」の事例

《1》本当はこわい「お答え／説明を控えさせていただく」という詭弁

二〇一二年一二月に始まった第二次安倍《あべ》政権で、次々と安倍晋三《しんぞう》首相がらみのスキャンダルが発覚した時、当時の安倍首相や菅義偉《すがよしひで》官房長官、そして不正疑惑への関与を疑われた官僚たちが、記者会見や国会答弁などで揃って口にした台詞《せりふ》がありました。

それは「〇〇なので、お答え／説明を控えさせていただく」というものです。

野党議員や記者の質問が、問題の核心に近づけば近づくほど、この台詞が語られる頻度が増えました。そして、この台詞が発せられると、野党議員や政治記者は、まるで行く手にフェンスでも置かれたかのようにおとなしく立ち止まり、それ以上相手を追及するのをやめてしまいました。

首相の座が菅義偉と岸田文雄《きしだふみお》に引き継がれても、そのような自民党政権の決まり文句は継承され、国会答弁や官房長官会見で、当たり前のように繰り返されています。

この台詞は、答えたくない質問を一方的に封じてはぐらかす効果という点では、今までのところ万能に近い「キラーワード」ですが、実は詭弁です。

そして、これは単なる「はぐらかし」に留まらず、発する者とその相手との関係を「上下の構造」に固定化してしまう、きわめて危険でおそろしい詭弁なのです。

◆「その質問には答えたくないのでパス」が許されるか

二〇二一年一月四日、京都新聞は「『お答え控える』八〇倍以上に　国会で説明拒否一九七〇年比で、二〇一八年は五八〇回に」という見出しの記事を掲載しました。

立命館大学の桜井啓太《さくらいけいた》准教授（社会福祉学）が、国会会議録検索システムを活用して調査し、「答えを控え」「答えについて差し控え」など類似の一六パターンについて、国会で発せられた回数を集計したところ、一九七〇年は七回だったものが、その後に少しずつ増加し、二〇一二年一二月にスタートした第二次安倍政権下で激増して、二〇一七～二〇一九年にはいずれも年に五〇〇回を超えていた、という内容でした。

発言者別では、安倍元首相が一六五回と断トツで多く、二位の森雅子《もりまさこ》元法相の九四回を大きく引き離していました。菅義偉前首相も、官房長官時代からこの台詞を記者会見で頻繁に使用していました。

けれども、われわれが冷静に考えなくてはいけないのは、「こんな詭弁に国民が慣れて疑問を抱かなくなったら、この国や社会はどうなるのか」という問題です。

首相や大臣、および内閣の指示を受けて公的な職務を行なう公務員は、国政に関わる問題や不正疑惑の追及に対し、本当のことを説明する義務を負っています。「その質問には答えたくないのでパス」という返事は許されませんし、民主主義が日本より成熟した国の議会で議員がそんなことを言えば、まず間違いなく国民から非難囂々《ひなんごうごう》でしょう。

民主主義が日本より成熟した国では、議員や公務員は「一般国民より偉い存在」ではなく、主権者の国民に奉仕する立場にある「公僕」だからです。

政治家や官僚が、見た目は謙虚な態度で言う「お答え／説明を控えさせていただく」という台詞は、論理的に考えれば、「その質問には答えたくないのでパス」という返事と、まったく同じです。

何が違うかと言えば、「控えさせていただく」という日本語の言い回しが持つ、謙虚で奥ゆかしいような「雰囲気」ですが、実際にやっていることは高圧的な「返答の拒否」であり、謙虚どころか、きわめて傲慢《ごうまん》な振る舞いです。

◆説明を拒絶する理由になっていない「個別の話だから」

そもそも「控える」という日本語は、どんな場面で使われる言葉なのか。

『広辞苑』第七版には、いくつかの意味が記されていますが、質問への返答という動作に関わるものとして、「(個人の事情や他者への配慮などから) ある行動を取らないようにする。見合わせる」という説明があります。

こうした意味を知っている野党議員や記者は、「控える」という台詞を発した相手が、何かしらの「配慮」をしているのだ、と勝手に善意で解釈して、引き下がっているようです。しかし、本当ならそこで、一見もっともらしい謙虚さの芝居にだまされず、こう言わないといけません。

「貴方はいま『控える』と言われた。それは具体的に、誰に対するどのような配慮なのですか?」と。

会見などでよく聞く台詞として、「個別の話については説明/コメントを差し控える」というものがありますが、これも日本語として成立していない詭弁です。

個別の話であっても、答えなければならないことに関しては、答えないといけない。

つまり「個別の話だから」というのは、政府が質問に答えない理由になっていません。野党議員や政治記者はまず「貴方はなぜ、個別の話であれば答えなくても許されると思うのですか? そんなルールや規則、法律があるんでしょうか?」と問うべきです。

この、本当は説明になっていない「個別の話なので」という台詞にだまされる人が多いのは、企業のクレームや問い合わせへの返答でよく見かけるフレーズだからでしょう。

企業の広報担当者は、不祥事が発生した時に「個別の問題についてはお答えを差し控えさせていただきます」という説明を、定型句のように使います。

この企業の態度については、社会的に許容される面もあります。一般の顧客からの膨大な問い合わせに対し、いちいち細かく返答していたら、業務に支障を来しますし、すべての問い合わせに「必ず回答します」とも約束していません。違法行為の疑いがあれば、説明する社会的責任が生じますが、それ以外の状況では、企業側の権利として「お答えを差し控える」ことが認められています。

しかし、国や都道府県の権力を握る首相や大臣、地方首長、彼らの指示や命令に従う公務員については、こうした一般企業の場合とは、まったく事情が異なります。

彼らは、公務に関する「説明責任（アカウンタビリティ）」を国民に対して負い、国民の代表である野党議員や国民の代理人的な立場でもある記者から、権力行使や不正疑惑に関する質問を受ければ、誠実な説明を「しなくてはならない立場」です。

この違いを今ひとつ理解していない国民が多いことが、「控えさせていただく」式の詭弁が堂々とまかり通る大きな原因のように思います。野党議員も記者も、相手は企業の広報担当者ではなく、国民に対して説明責任を負う「公人」の立場なのだという事実を踏まえて、この詭弁にだまされないようにしながら厳しく追及しなくてはなりません。

◆「強い立場」対「弱い立場」という関係の固定化

もう一つ、この詭弁には目に見えない、おそろしい「仕掛け」が隠されています。

その「仕掛け」とは、「控えさせていただく」式の詭弁を「強い立場の者」が発し、それを「弱い立場の者」がそのまま受け入れてしまうと、「強い立場」対「弱い立場」という権力の上下関係が固定化されてしまう、という心理的効果です。

例えば、我々一般人が税務署に対して「今年は納税を控えさせていただきます」と言って所得税などの税金の納付を拒絶することができるでしょうか？

あるいは、学校の生徒が担任教師に対して「今回は、宿題の提出は控えさせていただきます」と言えるでしょうか？

おわかりの通り、この詭弁は常に「強い立場の者」から「弱い立場の者」に向けて発せられます。これが詭弁だと見抜けず、質問者が引き下がれば、その瞬間に「強い立場」と

「弱い立場」という上下の関係が、さらに一段階、強固なものになってしまいます。

実際には、「説明／コメントは控えさせていただく」という台詞は「お前の質問には答えてやらない」という傲慢な言い草です。「控える」という言葉が持つ謙虚な響きにだまされて、そこに隠された傲慢さに気づかない人が多い様子ですが、自分が「強い立場」だと自覚している人間しか、この言葉を発することはできないのが現実です。

従って、野党議員や記者は、政治家や官僚が「控えさせていただく」式の詭弁を発した時、それを黙って受け入れてはなりません。

権力を握る者と対等な立場であり続けるために、それが詭弁による欺瞞《ぎまん》だと指摘し、何度でも相手が質問に答えるまで、執拗《しつよう》に問い続けなくてはならないのです。

《2》説明責任放棄の呪文と化した「丁寧に説明する」という詭弁

二〇一二年一二月に第二次安倍政権がスタートして以来、政治の世界では、特定の日本語が本来の意味から外れて使われる事例が、激増したように思います。

安倍晋三元首相が、国会答弁の中で口癖のように述べた「まさに」も、日本語としてはおかしい形でしばしば使われていました。例えば、二〇一七年二月一七日、安倍首相（当時、以下同）は第一九三回国会の衆議院予算委員会において、森友《もりとも》学園への国有地不正払い下げ疑惑についての野党議員の質問に対し、「私や妻が関係していたということになれば、まさに私は、それはもう間違いなく総理大臣も国会議員もやめるということははっきりと申し上げておきたい」という言葉を述べていました（衆議院の議事録では、冗語《じょうご》と見なされたのか、「まさに」は省略されています）。

この言葉は、本来は「疑いようがなく」や「今話している内容にぴったり」とか「我が意を得たり」という場面で使われる言葉のはずです。しかし、安倍元首相は質問内容と違う話へと論点をすり替えたり、事実と違うことを強弁する際に、それが質問への答えであるかのように見せかけるトリックとして「まさに」という言葉を使っていました。

その安倍元首相と、同政権で官房長官を務めた菅義偉が、記者会見などで多用した「丁寧に説明する」という言葉も、本来の意味とは実質的に正反対の形で、自分たちが誠実に職務を行なっているかのように偽装する意図で使われる詭弁です。

一見すると大した問題ではないように見えて、この詭弁は第二次安倍政権以降の自民党政権の政治姿勢を色濃く反映した、危険な論理的詐術であると言えます。

◆二つの問題を内包する「丁寧に説明する」式の詭弁

二〇一三年一二月九日、安倍首相は記者会見で、三日前の一二月六日に成立した「特定秘密保護法（特定秘密の保護に関する法律）」について「今後とも国民の懸念を払拭すべく丁寧に説明していきたい」と述べました。

特定秘密保護法とは、戦前の大日本帝国に存在した「軍機（軍事機密）保護法」（一八九九年に公布され、日中戦争勃発後の一九三七年八月七日に改正）と同様、漏洩《ろうえい》すると国の安全保障が脅《おびや》かされると政府が見なす情報を「特定秘密」に指定し、漏洩者や知ろうとする者等を処罰する法律ですが、時の政権による恣意的な運用の余地があるとして国民から批判を浴びていました。

二年後の二〇一五年七月一五日、集団的自衛権の行使に繋がる等の理由で国民の激しい批判を受けた安全保障関連法案が衆院の特別委員会で可決されたことを受けて、安倍首相は記者団に「国民にさらに丁寧にわかりやすく説明していきたい」と語りました。

さらにその二年後の二〇一七年六月一九日には、安倍首相は四日前の六月一五日に国会で成立した「共謀罪法（犯罪を計画段階から処罰する『共謀罪』の趣旨を盛り込んだ改正組織的犯罪処罰法）」について、国会閉幕時の記者会見で「国会の開会、閉会にかかわらず、わかりやすく丁寧に説明したい」と述べました。

　この時の安倍首相の発言には、当時追及されていた「加計《かけ》学園問題（安倍首相の親しい友人である加計孝太郎《こうたろう》が理事長を務める学園が不正な便宜供与を受けたのでは、という疑惑）」についての「説明」も含まれていましたが、安倍首相は二〇一八年四月二六日にも、加計学園問題について「事実に基づき、丁寧な上にも丁寧な説明をしていく努力を重ねたい」という言葉を記者団に語っていました。

　他にも、安倍首相が「丁寧に説明する」と発言した例はいくつもありますが、ここに列挙した四つの例のうち、最初の三つは「国民の批判を浴びた法案が成立した直後」になされた発言でした。しかし、彼の態度には二つの大きな問題が存在しています。

　一つは、法案をまず国会で通してから、国民に「丁寧に説明する」という順序の問題。民主主義国では本来、政権与党が民意を無視して法案採決を強行する手続きは許されませんが、与党である自民党と公明党は、三つとも強行採決という手法で押し通しました。

　これらの法案を批判した人の多くは、憲法学者をはじめ、その内容を深く理解した上で「プラス面よりもマイナス面のほうが大きい」との懸念からそうしたのであって、「法案に関する政府の説明が足りないから」反対していたのではありません。

しかし、国会で強引に採決したあとで国民に「今後も丁寧に説明する」との決まり文句を繰り返すことで、安倍首相は「反対する人間が多いのは、政府の説明の量が足りず、国民が内容をちゃんと理解していないから」で、法案自体には何の問題もないのだ、という、政権側にとって都合がいい印象を、国民に広めることができます。

こうした、政府の方策を批判する自国民を馬鹿のように印象づけるイメージ操作を、安倍政権はよく使いました。

そしてもう一つは、「丁寧に説明する」と約束したにもかかわらず、法案が通ればもう安倍首相はその件に触れなくなったこと。新聞やテレビの記者も、首相の発言の事後検証や説明の要求などを行なわず、やがて社会から忘れられた形となりました。

◆客観的に評価する基準が存在しない「丁寧」

『広辞苑』第七版によれば、「丁寧」とは「注意深く心がゆきとどくこと。また、手あつく礼儀正しいこと」を意味する言葉です。

けれども、この言葉を発した安倍晋三は、本当は「乱暴」かつ「不誠実」に物事を進めているにもかかわらず、その事実を国民に気づかせないためのカモフラージュとして、正反対の「丁寧に説明する」という言葉を繰り返し使っていました。

この、実際には国民を小馬鹿にした「丁寧に説明する」という安倍元首相の不誠実な詭弁論法を、後継者である菅前首相も岸田現首相もそのまま踏襲してきました。

二〇二一年六月九日、首相に就任（二〇二〇年九月一六日）して初めてとなる国会での党首討論を行なった菅義偉は、官邸で記者団に「新型コロナウイルス対策、東京五輪・パラリンピックについて私の考え方を丁寧に説明した」と述べました。

しかし実際には、立憲民主党の枝野幸男《えだのゆきお》代表（当時）から「『国民の命と健康を守る』という菅首相の言葉には、全国的な感染拡大防止も含まれるのか」と問われても、菅首相は論点をはぐらかして答えず、「前回の東京オリンピック当時、自分は高校生で、東洋の魔女（女子バレーボール日本代表）などが非常に印象に残っています」というような「個人的な思い出話」を延々と（限られた時間のうち六分四五秒も）語っただけでした。

首相就任から三ヵ月後の二〇二〇年一二月二五日に行なった記者会見でも、菅は安倍前首相の「桜を見る会」の不正疑惑について「国会の中でも機会があると思いますので、丁寧に説明をさせていただきたい」と述べていました。けれども、その後の国会審議で、菅首相が問題の核心に関わる「丁寧な説明」をすることはありませんでした。

安倍や菅が、慇懃無礼《いんぎんぶれい》な態度をとりつつ、自分の不誠実な態度をごまかすために「丁寧に説明する」という言葉を使う理由は、それが主観的な修辞（言葉による表現）でしかなく、実際にそうなのか否かを客観的に評価する基準が存在しないからです。

◆「お前ら下々の国民に説明することなど何もない」

時の首相が、将来の約束として「丁寧に説明していく」と言えば、記者もその時点では真偽を判断できないので、そのまま字句通りに記事にするしかなくなります。

こうした、首相の発した言葉をメディアが無批判に「そのまま字句通りに記事にするしかない」という状況が作られることも、この詭弁がもたらす弊害の一つです。

記事の本文だけでなく、見出しに「安倍首相『丁寧に説明していく』」と書いてしまうと、あたかも安倍が誠実な態度で国民と向き合っているかのような、現実の姿とは乖離《かいり》した「権力者に好都合なイメージ」が社会に拡散されるからです。

これらの事例を見ればおわかりのように、「丁寧に説明していく」というのは、権力を持つ者にとって非常に便利な言葉です。政治家は本来、政策上の意思決定とその理由について、主権者である国民に説明する責任（アカウンタビリティ）を負っていますが、第二次安倍政権以降、日本では政権与党が説明責任を果たさないことが常態化し、「アカウンタビリティ」という言葉もメディアでぱったりと使われなくなりました。

現実に起きている異常な事態を隠し、あたかも正常な国会運営がなされ、首相や官房長官が誠実に国民と向き合っているかのように見せかけるトリックとして、「丁寧に説明していく」という詭弁は絶大な効果を発揮しています。

現在の岸田文雄首相も、前任者と同様、この詭弁を繰り返し口にしています。

例えば、二〇二三年七月三一日には、二〇二四年秋に予定している健康保険証とマイナンバーカードの一体化について「国民に丁寧に説明していく」と述べ、同年一〇月二〇日には第二一二回臨時国会召集を前に、経済対策や物価高対策について「国民に丁寧に説明していく」と語りましたが、健康保険証の廃止という政府方針の撤回を求める訴えには誠実に答えようとせず、ひたすら政府側の言い分だけ「説明する」姿勢を貫いています。

日本の首相が語る「丁寧に説明していく」とは、実際には「お前ら下々の国民に説明することなど何もない」、あるいは「お前ら下々の国民の相手をまじめにやるつもりはない」という意味です。われわれ国民は、自分たちがずっと首相や官房長官、その他の閣僚に愚《ぐ》弄《ろう》されているのだという重い事実に気づかなくてはいけません。

民意を無視して政府中枢の一部の人間が密室で物事を決め、国民は「決まった後で政府の説明を聞くだけ」というのは、民主主義がない独裁国でよく見られる光景です。

政策決定の理由や検討段階のプロセスを、国民に真面目に説明せず、その現実をごまかすために、正反対の意味を持つ「丁寧に説明する」という表現が使われる現在の日本。

こんな異常事態を放置すれば、政治はますます独裁国家のようになっていくでしょう。

《3》「○○の意図はなかった」と「誤解を与えたならお詫びする」という詭弁

二〇二一年三月二二日、ネット上で公開されたテレビ朝日系番組「報道ステーション」のCM動画が激しい批判を浴びたため、二日後の三月二四日に動画が削除されるという出来事がありました。

特に激しい批判を浴びたのは、動画に登場する若い女性の「どっかの政治家が『ジェンダー平等』とかってスローガン的に掲げてる時点で、何それ、時代遅れって感じ」という台詞でした。

世界経済フォーラム（WEF）が各国における男女平等の達成率を評価する指標「ジェ

ンダーギャップ指数」において、日本の順位が世界一五六ヵ国中で一二〇位という当時の状況が示す通り、日本はまだまだ「ジェンダー平等」の実現にはほど遠い国であり続けています。二〇二三年の順位は、過去最低の一二五位（対象一四六ヵ国）でした。

そんな現状を無視し、ジェンダー平等の実現に尽力する人（多くは女性）を小馬鹿にするかのような台詞が、大きな反発を招いたのは当然です。

また、同ＣＭでは「職場の先輩が会社に連れてきた赤ちゃんがかわいい」「化粧水買った」などの台詞のあと、最後に「こいつ報ステみてるな」という、男性目線の言葉が画面に表示され、全体として「若い女性を見下すトーンだ」との批判も起こりました。

動画を削除した後、テレビ朝日は三月二四日に「今回のＷｅｂＣＭについて」という告知文を公開しました。

その中で、同社は「ジェンダーの問題については、世界的に見ても立ち遅れが指摘される中、議論を超えて実践していく時代にあるという考えをお伝えしようとしたものでしたが、その意図をきちんとお伝えすることができませんでした」と説明した上で、「不快な思いをされた方がいらしたことを重く受け止め、お詫びするとともに、このＷｅｂＣＭは取り下げさせていただきます」と締めくくっていました。

何度読み返しても、日本語として意味が成立しているとは思えない、意味不明の弁明ですが、この告知文を読んで、既視感を覚えた方は多いのではないでしょうか。

この「一見謝罪のように見えて、本質的にはそうではない何か」は、政治家、とりわけ政権与党の自民党の国会議員がよく使う詭弁だからです。

◆「○○の意図はなかった」という第一の詭弁

国会議員が失言や暴言で批判を浴びた時、決まって口にするのが「○○の意図はなかった」という言い逃れです。

例えば、自民党の杉田水脈《すぎたみお》衆議院議員は、二〇二〇年九月二五日に開かれた自民党合同会議の席で、女性への暴力や性犯罪に関して「女性はいくらでもウソをつけますから」と発言したことがメディアに報じられると、激しい批判を浴びました。

杉田議員は最初、そのような発言はしていないとシラを切りましたが、九月二九日に同じ自民党の橋本聖子《はしもとせいこ》男女共同参画相（当時）からも批判されると、彼女は一転して発言を認め、一〇月一日付の自身のブログ記事で「謝罪らしきもの」を公開しました。

杉田議員は、まず「女性を蔑視する意図はまったくございません」とした上で「発言で女性のみがウソをつくかのような印象を与え、不快な思いをさせてしまった方にはお詫び申し上げます」という形で、形式的な「お詫び」を行ないました。

どうでしょう？　先に紹介したテレビ朝日の告知文とそっくりではありませんか？

論理的に読み解けばすぐ気づくように、この二つは両方とも、一見すると自分の非を認めているようでいて、実は本質的な部分においてはまったく反省していません。

テレビ朝日と杉田議員が認めて「お詫び」しているのは、自分の意図を正しく理解しない相手を「不快にさせてしまったこと」だけであり、自分の意図それ自体には何の問題もないと居直っています。

◆「誤解を与えたのならお詫びする」という、謝罪に見せかけた論点ずらし

テレビ朝日と杉田議員の言い訳に共通するのは、自分が批判を浴びたのは「自分の意図が相手に伝わらなかった」からで、原因の半分は「意図を伝えることに失敗した自分」にあるが、残りの半分は「意図をちゃんと理解しなかった受け手側にある」という、本質的な反省とはほど遠い、問題の責任を受け手側にも転嫁する姿勢です。

国会議員がよく使う「誤解を与えたのならお詫びする」という、一見謝罪に見せかけた

論点ずらしの説明も、これと同系統の詭弁です。

自分の発言や考え方に問題があったとは認めず、受け手側が「問題だ」という風に「誤解」したのであれば、その「誤解させたこと」についてのみ、お詫びする。見た目は謙虚ですが、本質的には責任を「相手の理解力不足」に転嫁する傲慢な居直りの態度であり、これを見た人の多くは漠然と不快に思うでしょう。

テレビ朝日の弁明文には「誤解を与えたなら」という言葉は入っていませんが、意味はそれと同じです。内容が女性蔑視だと多くの受け手が感じたのであれば、それは紛れもなく「女性蔑視の表現」であり、テレビ朝日が本来すべき謝罪とは「批判を受けるまで、これが『女性蔑視』であると気づきませんでした」という正直な反省でしょう。

実際、言動を「差別的だ」と批判されて、「自分の中にあった無自覚な差別意識に気づきました」という「正直な反省」をする人物も時々います。

けれども、政治家や大手企業の「お詫び」は、今では多くの場合、前記した二つの詭弁の合わせ技になっています。

◆二つの詭弁の合わせ技が意味するもの

一般に見過ごされがちなのは、政治家らによる「○○の意図はなかった」と「誤解を与えたならお詫びする」という詭弁の合わせ技を、そのまま看過することの危険性です。

先に指摘した通り、「控えさせていただく」という詭弁は、説明責任を果たさないことの「言い逃れ」であるのと同時に、発する者とその相手との関係を上下の権力構造に固定化するという「隠された心理的効果」を持つ危険な詐術でもありました。

言い訳としての「○○の意図はなかった」もこれと同じで、この詭弁が通用している場面では常に、立場が上の者が、下の者に対して発する図式になっています。

例えば、法定速度を超過して交通違反で止められたドライバーが、「スピード違反をする意図はなかった」と言い訳した時、警官はそれを認めて許すでしょうか。

サッカーの試合で相手選手の身体をわざと蹴ってレッドカード（退場宣告）を出された選手が「蹴る意図はなかった」と言えば、審判は許すでしょうか。

どちらも、そんな言い訳は通用せず、ペナルティが厳然と科せられます。

これらの例でわかる通り、「○○の意図はなかった」が許されるのは常に、相対的な力関係で「強い側」に立つ者だけです。

そして、メディアがこのトリックを見抜けず、あたかも「謝罪」したかのように無批判に報じることで、この詭弁を弄する者は責任逃れに成功するだけでなく、「自分は強い側にいる者で、お前らは弱い側にいる者だ」という権力の上下関係の図式を、ほとんど無意識レベルで受け手と第三者に植えつけることができます。

差別的な発言をする者は、必ずと言っていいほど「差別の意図はなかった」と言い逃れを図ります。そして日本社会は、この詭弁に無抵抗で、そのまま受け入れてしまうので、いつまで経っても性差別や民族差別などが社会から無くなりません。

いい加減に、こんな詭弁にだまされて実質的に差別の温存を許すという、社会の未熟さを示すようなパターンに終止符を打ちませんか？

《4》自分は判断される側なのに「○○には当たらない」と主張する詭弁

二〇二一年九月二八日、平井卓也《ひらいたくや》デジタル大臣（当時）は、閣議後の記者会見で自らが関与した「NTT接待」に関する質問を受け、次のように答えました。

「今回の事案について（NTTとは）所管の関係がなく、直接の契約もない。最新の技術動向について意見交換しただけで、全く国民の疑念を抱くものには当たらない」

当時問題となった「NTT接待」とは何なのかについては、少々ややこしい話なので、後ほど改めてご説明します。

二〇一二年一二月に第二次安倍政権が発足した頃から、政権与党の政治家がこんな風に「○○には当たらない」と断定的に言い放つ光景をよく見るようになったと思います。

特にこの言い方をよく使ったのが、同政権で官房長官を務めた菅義偉でした。記者会見で、同政権に批判的な認識に基づく質問を記者から受けた時、菅は真面目に答えず、次のようなフレーズを決まり文句のように口にして、はぐらかしました。

「全く問題ない」「そのようなご批判は当たらない」

菅のこうした態度は、明らかに政府としての説明を放棄するものであり、国民の間でも批判が高まりました。けれども、会見場にいる記者が、それに対して強く抗議することはほとんどなく、菅がこの言い方を多用する状況は変わりませんでした。

今回は、菅が政治の世界で常態化させてしまった、自分たち（首相や閣僚）は国民から判断・査定される側なのに「全く問題ない」「そのようなご批判は当たらない」などと勝手に判断して、それを国民に押し付ける詭弁術について読み解きます。

◆山本太郎参議院議員が安倍内閣に突きつけた質問

二〇一七年の第一九三回国会が終盤に差しかかった六月一四日、野党「自由党」に所属していた山本太郎《やまもとたろう》参議院議員（当時）が、「菅内閣官房長官の『全く問題ない』、『批判は当たらない』などの答弁に関する質問主意書」を安倍内閣に提出しました。

その中の一一番目の項目で、山本議員は次のような質問を安倍内閣に突きつけました。

「菅氏が内閣官房長官記者会見において『批判は当たらない』あるいは『指摘は当たらない』との言葉を用いる場合、これらをいかなる意味合いで用いるにせよ、これらはすべて政府あるいは菅氏の主観的な意見や感想あるいは認識等を示すものであり、また、そもそも行政に対して『批判』あるいは『指摘』を行うのはあくまで国民なのであるから、菅氏の内閣官房長官記者会見における『批判は当たらない』あるいは『指摘は当たらない』との言葉を用いた答弁によって批判や指摘を一方的に否定することは、国民に対して丁寧な説明をしていることにはならず、内閣官房長官が行う答弁として極めて不適切かつ不誠実であると考えるが、安倍内閣の認識を明確に示されたい」

長い文なので、少しわかりにくいですが、要は「記者の質問で言及された内閣の行動に問題ないかどうか、批判が当たっているかどうかを決めるのは、菅官房長官ではなく国民であり、その判断を『批判や指摘をされる側』の菅官房長官が勝手に行なって一方的に否定するのはおかしいのではないか？」という、しごく常識的な疑問です。

これに対し、安倍晋三首相は同年六月二七日、「二、三及び九から十二までについて」と、六つの項目への答弁をひとまとめにする形で、こう説明しました。

「個々の報道について一つ一つ承知しているものではないが、内閣官房長官は、記者会見の場において適切と判断した発言を行っているものである」

◆「そのようなご批判は当たらない」理由を説明しなかった菅官房長官

一読すればおわかりのように、安倍首相も菅官房長官と同様、山本議員の質問に真面目に答えず、話をはぐらかして逃げています。

菅官房長官の記者会見での態度が適切かどうかを判断するのは、安倍内閣ではなく国民の側です。その国民の代表として山本議員が「内閣官房長官が行う答弁として極めて不適切かつ不誠実であると考える」と指摘しているのですから、内閣は本来なら「菅官房長官はどのような判断基準に基づいて『問題ない』や『批判は当たらない』と理解しているのか」という理由を説明しなくてはなりません。

もし会見場に居並ぶ記者の誰かが、菅官房長官の説明は詭弁だと見抜き、「全く問題ない」や「そのようなご批判は当たらない」といつもの決まり文句を口にした時に間髪を容《い》れず「それはなぜですか?」と理由をいちいち訊《き》くようにしていれば、この詭弁術が政治の世界でこれほど常態化することはなかったでしょう。

菅官房長官は、自分が指摘された件について「全く問題ない」と判断した理由、「そのような批判は当たらない」と認識する理由について、きちんと説明し国民の判断を仰ぎ、「なるほど、それなら筋が通っている」と国民を納得させる義務を負う立場です。

一方、政治記者の仕事は、首相や官房長官などの政治家に対して本質的な質問を行ない、国民に代わって政府あるいは内閣としての説明責任を果たさせることです。

けれども、第二次安倍政権になってから、首相や大臣、官房長官に対する政治記者の質問は、政府や内閣の説明責任を果たさせるという目的を十分に成し遂げられない、手ぬるいものばかりになっている印象です。彼ら・彼女らは、政府要人の回答が不明瞭でも、追加の質問を行なわずに、それをそのまま記事にしているからです。

それだから、菅の繰り出す詭弁で簡単にはぐらかされ、記者は馬鹿にされ、それを見た与党の他の政治家たちも菅の真似をして、同じ詭弁を使うようになりました。

前記した平井元デジタル大臣の態度は、こうした文脈で読み解く必要があります。

◆国民に「疑念を抱かせた側」なのに「問題ない」と言い張る詭弁

平井元デジタル大臣が口にした「全く国民の疑念を抱くものには当たらない」という言葉も、山本議員の質問主意書に照らせば、何がおかしいか一目瞭然でしょう。

平井元大臣は、自分が「国民の疑念を抱かせる行動をした側」なのに、あたかも「疑念を抱くことが正当であるか否かを判断できる側」のように振る舞っています。

NTTから接待を受けるという大臣の行動に問題ないかどうか、批判が当たっているかどうかを決めるのは、平井元大臣ではなく国民であり、その判断を「批判や指摘をされる側」の平井元大臣が勝手に行なって一方的に否定するのは、完全に筋違いの行動です。

野球で言えば、打席に立って空振りした時、審判のジャッジを待たずに勝手に「自分は振ってない、だからストライクではない」と言い張るバッターのようなものです。

平井元大臣はこの詭弁を使った記者会見で、自分の行動が問題でない理由として「今回の事案について（NTTとは）所管の関係がなく、直接の契約もない」と説明しました。しかし、これも注意深く読めば、事実を歪曲《わいきょく》するトリックを使った詭弁です。

通信事業者としてのNTTを所管する省庁は、総務省であり、デジタル庁ではありません。けれども、「NTTの傘下にあるグループ企業」は、国のデジタル関係の業務を数多く受注しており、今後のデジタル庁の事業においても、NTTのグループ企業が関与する可能性はきわめて高いと言えます。

NTT自体は「持ち株会社」で事業を行なっていない、と平井前大臣は説明しましたが、問題の一部を都合良く切り取った恣意的解釈でしかありません。

◆平井卓也元デジタル大臣が受けた「NTT接待」

二〇二一年一月一四日、内閣官房のIT総合戦略室が開発を行なう東京2020オリンピック・パラリンピック（以下、「東京五輪」と略）用の健康管理アプリ事業を、NTTの100％子会社であるNTTコミュニケーションズを中心とした五社のコンソーシアム（企業連合）が受注しました。

契約総額は約七三億円で、うちNTTコミュニケーションズの契約額は約四六億円（のちに事業全体が縮小され約二三億円）でした。

平井元大臣がNTTの澤田《さわだ》純《じゅん》社長（当時）から接待を受けたのは、この直前に当たる二〇二〇年一〇月二日と一二月四日の二回でした。平井元大臣と一緒に接待を受けた赤石《あかいし》浩一《こういち》デジタル審議官（デジタル庁の事務方ナンバー2）は、二〇二一年九月二四日付で減給一〇分の一の懲戒処分となりましたが、平井前大臣は何の責任も取らず、他人ごとのように論評するだけでした。

平井元大臣はまた、「週刊文春」がNTT接待の問題を報じたあとで自分の会食代金を支払って「割り勘だから接待ではない」と主張していますが、これも世の中では通用しない滑稽な詭弁だと言えます。

割り勘とは、会計の場面で参加者が支払いを分担することであり、供応接待という違法行為に問われそうになったから自分の分だけ慌てて後日払う、というのは「過去の泥棒行為で捕まりそうになった犯人が店に代金を払いに行く」のと似た行為です。

二〇〇一年一月六日に閣議決定された、大臣ら政務三役を対象とする倫理規範（いわゆる大臣規範）には、「供応接待を受けること、職務に関連して贈物や便宜供与を受けること等であって国民の疑惑を招くような行為をしてはならない」と記されています。

二〇二一年一〇月四日の岸田内閣発足により、平井卓也はデジタル大臣という役職から外れましたが、政府首脳の行動に問題があるか否か、国民の疑惑を招く行為であるかどうか、それを判断するのは、当事者である政府首脳ではなく、われわれ国民です。

そのことを国民は今後も忘れず、政府首脳に詭弁でだまされないようにしましょう。

《5》「再調査するお考えは?」「その考えはない」という事実隠ぺいの詭弁問答

二〇二一年九月七日、自民党総裁選へ出馬する意向を示していた岸田文雄政調会長（当時）は、「森友問題について再調査する考えはあるか?」という記者団の質問に対して

「再調査等は考えていない」と明言しました。

岸田がその理由として挙げた説明は、「既に行政において調査が行なわれ、報告書も出されている。司法において今、裁判が行なわれている」というものでした。

しかし、岸田はこのわずか五日前の九月二日には、全然違うことを述べていました。この日出演したテレビ番組（ＢＳ－ＴＢＳ『報道１９３０』）で、彼は「調査が十分かどうかは国民側が判断する話。国民は足りないと言っている」「さらなる説明をしなければいけない。国民が納得するまで説明を続ける」と述べ、国民が納得していないのであれば「再調査もありうる」という含みを持たせた説明をしていました。

たった五日で言うことが反転した理由については、この九月二日の岸田発言に、疑惑の当事者である安倍晋三元首相が激しく反発し、総裁選での支援の対象を岸田から高市早苗《たかいちさなえ》前総務相に鞍替えしたため、それに慌てたからだという解釈が広まっていました。

強い力を持つ権力者に睨《にら》まれれば、自分の政治的信念をいとも簡単に曲げてしまう人が今の日本政府トップというのは、いろいろな意味で国民にとって不安となる要素です。

しかし今回は、そんな岸田個人の政治家としての弱腰や頼りなさではなく、ここで交わされた「再調査するお考えは？」「その考えはない」という一見ありきたりな記者とのやりとりが、実は国民の認識を特定の方向に誘導し、現職首相など政府要人に関わる重大な政治スキャンダルの隠ぺいに効果を発揮する詭弁であることを解説します。

◆首相や閣僚の「考え」に委ねていいこと、そうでないこと

二〇二〇年七月一七日から一九日にかけて、共同通信社は全国電話世論調査を行ないましたが、森友学園問題の公文書改ざんを命じられて自殺した近畿財務局職員・赤木俊夫《あかぎとしお》さんの遺族による訴訟に関連した質問に対して、「政府は再調査する必要がある」との回答が八二・七％に上りました。

この世論調査で興味深いのは、自民党を批判している野党の支持者（立憲民主、共産両党の支持層は共に一〇〇％が「再調査は必要」と回答）だけでなく、政権与党である自民党支持者の七一・七％、公明党支持者の八五・五％も「政府は再調査する必要がある」と答えていた事実です。

この問いに「再調査の必要はない」と回答したのは、自民党支持者が二一・四％、公明党支持者が一二・二％、日本維新の会支持者が一四・七％、無党派層が九・三％でした。

この調査結果を踏まえれば、岸田が二〇二一年九月二日に述べた「調査が十分かどうか

は国民側が判断する話。国民は足りないと言っている」という言葉は、正しい現実認識であったと言えます。

自民党の支持者ですら、安倍政権下で行なわれた「調査」は十分ではないと判断しているのですから、再調査することは自民党支持者の要望にも応える行動です。

けれども、もし再調査を行なえば、財務省が近畿財務局に行なわせた公文書改ざんという前代未聞の不正疑惑において、当時の首相と財務大臣だった安倍晋三と麻生太郎《あそうたろう》の責任が問われる新事実が、次々と出てくる可能性がありました。

二〇一八年三月一三日付朝日新聞朝刊が一～四面を中心に大きく取り上げたように、この公文書改ざんで削除されたのは、森友学園の小学校新設問題に深く関わった安倍晋三の妻の昭恵《あきえ》(名誉校長にも就任して公式サイトで宣伝文句を披露)や自民党の政治家、そして安倍と繋がりの深い政治運動団体「日本会議」などの名前でした。

こうした公文書改ざんの全体像が、さらに詳細に調査されれば、安倍と自民党に大きなダメージとなるのは確実でした。

また、森友学園問題が「財務省による組織ぐるみの公文書改ざん」であった事実を考えれば、当時の財務大臣である麻生の責任は免れず、欧米など民主主義が一定レベルで保たれている国であれば、財務相の辞任あるいは更迭は避けられないはずでした。

◆疑惑の当事者集団に「調査の必要性」を記者が問うことの愚かさ

安倍と麻生は、閣僚を退いたあとも当時の自民党内で大きな政治的影響力を持つ「重鎮」で、再調査の道を封じることができる有形無形の「力」を持っていました。

実際、岸田内閣の鈴木《すずき》俊一《しゅんいち》財務相は、二〇二一年一〇月五日に行なった就任後初の記者会見で、森友学園問題の再調査について「考えていない」と否定し、松野《まつの》博一《ひろかず》前官房長官も二〇二一年一〇月七日の記者会見で「再調査する考えはあるか？」と問われて「再調査は考えていない」と答えていました。

これらのやりとりを見て、あれ、おかしいな、と思われませんか？

森友学園問題とは、国有地の払い下げ案件に現職総理大臣の妻が深く関与し、その影響によって国側（財務省とその傘下組織）の土地価格の評価などの判断が歪《ゆが》められたのではないか、という疑惑です。そこに不正が無かったことを、あらゆる公的記録の開示と事実関係の解明によって証明するのは、政府や内閣が国民に対して負う「義務」です。

言い換えれば、当事者（あるいは疑惑の対象という意味での容疑者）とその仲間に「調査する『考え』があるか無いか」という判断を委ねてもいい問題ではありません。

ある犯罪の容疑者に、その犯罪の捜査を「行なうべきか」と問う警察官がいますか？

ところが、政治報道の記者たちは、もうそれが当たり前になったかのように、調査するか否かは、疑惑の当事者集団である「自民党の政治家」の「考え」次第であるかのような質問の仕方をしています。

本当なら「安倍政権以降の歴代内閣は、疑惑の発覚以来、森友学園問題について真相を解明する『義務』を果たしていない。いつそれを果たすのか？」と、権力監視者として厳しく問い詰めるべきなのに、今の政治記者は、そんな仕事を放棄しているようです。

◆「すでに調査は完了した」かのように見せかける「再調査」という言葉

もう一つ、われわれ市民が見過ごしてはいけないのは「再調査」という言葉です。

この言葉は、普通は「ある問題や疑惑について、過去にすでに徹底的な調査が行なわれた状況で、再度調査を行なうこと」という意味で使われます。

これを、森友学園問題で使うのは正しいのでしょうか？

二〇二一年六月二四日、自殺した赤木俊夫さんの妻・雅子《まさこ》さんは外国特派員協会で記者会見を行ない、「再調査される側の人間である麻生財務大臣が、自ら再調査をしないと言い続けるのはおかしい」との考えを述べました。

安倍晋三と麻生太郎は、すでに「検察の捜査が済んでいる」ことを理由に調査しないとしているが、「検察の捜査は刑事処分のためのもので、真相解明の調査とは別のもの」だから、というのが、その理由でした。

雅子さんはこの会見で「夫の死の真相を明らかにするため、第三者委員会による再調査を求める電子署名を始めた」とも話しましたが、論理的に考えれば、いずれも筋の通った主張だと思います。

麻生は「調査される側」であり、また「検察の捜査」は立件が可能かどうかという範囲の調査に過ぎないのですから、真相解明の調査が行なわれたとは見なせないからです。

これに対し、麻生は二〇二一年七月七日の記者会見で、雅子さんの主張について記者から問われると、「検察当局による捜査は『第三者』であり、再調査を行なう必要ない」と切り捨て、再調査への道を閉ざす態度を崩しませんでした。

ほとんどのメディアは、こうした議論を報じる際に「○○氏、再調査はしないとの考え」という風に「再調査」という言葉を使いました。

安倍や麻生、自民党の閣僚らが異口同音に口にしているのですから、その言葉を使うことは「政治的中立」を逸脱しない、という風に、記者やデスク、政治部長は考えている、あるいは言い訳するつもりかもしれません。

けれども、この「再調査」という言葉をメディアが断り無しに使い、見出しなどで繰り返し社会に拡散する行為は、「すでに調査は完了した」という、自民党が国民に信じさせたい「ストーリー」の宣伝(プロパガンダ)に加担する行為に他なりません。

なぜなら、この「再調査」という言葉も、トリッキーな詭弁だからです。

◆「一度目の調査」すら公正な形ではなされていない

森友学園問題について、過去に行なわれた「調査」は、財務省の調査と、検察による捜査の二つですが、前者は「不正の当事者である組織による内部調査」であり、立件の可否判断を目的とする後者の捜査と同様、事件の全体像を隅々まで明らかにする中立的かつ本質的な「真相解明の調査」としては、きわめて不十分なものだと言えます。

つまり、実質的には「一度目の調査」すら公正な形ではなされていないのです。

実際、雅子さんは二〇二〇年六月一五日に、第三者委員会による森友学園問題と公文書改ざんの再調査を求める署名を当時の安倍首相と麻生財務相に提出しましたが、その署名の数は約三五万筆に達していました。しかし、これほど多くの人が「過去の調査は不十分だ」と見なしているという事実を、麻生は正面から受け止めず、翌六月一六日に「再調査は考えていない」と答えました。

職務に忠実で正義感の強い、公務員の鑑《かがみ》のような赤木俊夫さんの自死という悲劇を引き起こした森友学園問題は、このままウヤムヤにされてしまうのでしょうか？

報道でさりげなく使われる「再調査」する「お考えは？」という問い方は、問題をウヤムヤにすることを望む政治家と、それに気づいていながら加担する報道記者が、国民の心情を「幕引き」へと誘導する「不誠実な詭弁芝居」だと言えます。

こうした詭弁にだまされないよう、われわれ市民は報道で使われる言葉に細心の注意を払うべきでしょう。

《6》憲法に基づく国会召集要求を「期限は書いてない」と「見送る」詭弁

新型コロナ感染症の拡大で、日本国内の医療現場が危機的状況に直面していた二〇二一年七月一六日、立憲民主党、日本共産党、国民民主党、社会民主党の各党に所属する衆議院野党議員計一三六人が、日本国憲法第五三条に基づき、臨時国会の召集を、当時の菅義偉首相に求めました。

その目的は、補正予算や法整備など、現状で不十分な制度を迅速に改正するための議論でしたが、政府与党は八月三一日、臨時国会の召集を「見送る」と回答しました。

野党側が臨時国会召集の根拠として挙げた憲法第五三条は、次のような条文でした。

五三条　内閣は、国会の臨時会の召集を決定することができる。いづれかの議院の総議員の四分の一以上の要求があれば、内閣は、その召集を決定しなければならない。

衆議院の議員数は、現状四六五人で、上に挙げた一三六人は、その四分の一に達しています。一方、菅政権の加藤勝信《かとうかつのぶ》官房長官（当時）は、八月三〇日に行なった記者会見において、朝日新聞の記者から「野党が憲法第五三条に基づいて臨時国会の召集を求めているのに、それを棚上げして他の政治日程を調整するのは憲法違反ではないか？」と問われて、次のように答えました。

「あの、まさに憲法五三条の中に、『いずれかの議院の総議員の四分の一の要求があった場合には、内閣は臨時会の召集を決定しなければならない』旨、規定があります。これは憲法に定められている、いわば義務でもあります。その旨は、これまでも国会等々で法制局長官はじめ答弁してきた。

他方で、召集時期について、憲法の五三条後段では、何ら触れられていないことから、その決定は内閣に委ねられると。そして、臨時会で審議すべき事項なども勘案し、召集のために必要な合理的な期間を超えない期間内に召集を行なうことを決定しなければならないと、答弁されているわけでありますので、まさにそうした判断も含めて、与党とよく調整させていただいていると、こういうことであります」

憲法第五三条には「内閣は召集を決定しなければならない」とあるが、いつまでにという規定はないので、今すぐ召集しなくてもいいのだ、というのが加藤の言い分です。

けれども、この加藤官房長官の説明は、論理的には筋の悪い詭弁です。今回は、この加藤官房長官の説明がなぜ詭弁なのかを読み解きます。

◆憲法は「召集の決定を内閣に委ねる」とは書いていない

立憲主義が尊重される国の憲法は、市民の利益を害するような形で権力が暴走することを防ぐために作られたもので、権力を持つ政権与党や首相、大臣、その他の公務員に、特定の制限や義務を課す内容となっています。

憲法第五三条も、特定の政権（内閣）が権力を独占的に行使し続けることを防ぐための工夫で、一定数の国会議員による要求があれば正当な必要性が認められたものと見なし、臨時国会の召集を内閣の義務として行なうよう命じています。

条文を読むと、確かに「いつまでに」とか「何日以内に」という言葉はありません。しかし、加藤が言うような「その決定は内閣に委ねる」という文言も見当たりません。

つまり加藤は、実際には憲法の条文にない、内閣にとって都合のいい「その決定は内閣に委ねられる」という勝手な解釈でしかないものを、憲法に書かれているかのような口振りで語り、受け手の記者や国民を欺《あざむ》こうとしています。権力を縛るという憲法の趣旨をわざと無視した、汚い詭弁のテクニックです。

憲法第五三条は、内閣に「義務を課す」内容ですから、その義務を果たす期限を「内閣自身が自由に決められる」というような解釈は、論理的に成立し得ません。そんな解釈が成立するなら、この条文自体が、存在する意味のない空文《くうぶん》になってしまうからです。

内閣が臨時国会の召集時期を好きに選べるのであれば、その内閣が政権を握り続ける限り、臨時国会を求める少数派を無視して通常国会以外は開かないことも可能になります。そんな「権力を持つ側」に有利な解釈は、憲法の趣旨に合致するでしょうか？

◆憲法第五三条の「明文化されていない指示」を読む

憲法第五三条に記された「内閣は召集を決定『しなければならない』」という強い指示の文言を論理的に読み解けば、その召集時期は「即座に」あるいは「可及的速やかに」、つまり「可能な限り早くに」以外にはあり得ません。条文で具体的な期日の制限が記されていないのは、例えば一〇日とか二〇日という日数を明示すれば、災害発生時などの不可抗力で実現できない場合もあり得るからだと考えられます。

権力を縛るという憲法の趣旨から考えれば、加藤が言うような「いつ召集するかは内閣が自由に決めていい」のでなく、「内閣は可及的速やかに召集しなくてはならない」と理解するのが当然でしょう。

憲法第五三条に「可及的速やかに」という文言がないのは、そんなことは相手が大人であれば言わずもがなの話で、一定の良識を備えた国会議員なら常識として理解できるはずだ、という政治家に対する信頼が、起草時に存在したからだと考えられます。

内閣による臨時国会召集の拒否という問題は、安倍政権下の二〇一七年にも起きていました。同年六月二二日、衆参両院の野党議員一九〇人が、森友・加計学園問題の追及などで臨時国会の召集を求めたのに対し、安倍内閣はこれを三ヵ月間無視し続けたのです。

この安倍内閣の行動は「憲法違反」に当たるとして、沖縄・東京・岡山で裁判が提起され、二〇二〇年六月一〇日に那覇《なは》地裁で、二〇二一年三月二四日に東京地裁で、それぞれ判決が言い渡されました。那覇地裁は「内閣に召集の法的義務がある」と判断したのに対し、東京地裁の判決は「この問題は裁判の対象にならない」というものでした。

ただし、後者の判決も「いつ召集するかは内閣が自由に決めていい」という解釈を肯定する内容にはなっておらず、憲法違反の有無についての判断は回避していました。

◆「臨時国会召集の拒否」を「見送り」と政府の話法で伝えたメディア

では、菅内閣による「憲法第五三条に基づく臨時国会召集の拒否」という事案を、メディアはどのような形で報じたでしょうか?

八月三〇日の一六時三四分、共同通信のネット版記事は見出しで「自民党総裁選前の臨時国会召集見送り」と書き、本文でも「野党が求めていた自民党総裁選前の臨時国会召集を見送る方針を固めた」と説明しました。

同日の一八時二五分に公開された、テレビ朝日のネット版記事でも、見出しは「野党が求める総裁選前の臨時国会召集は見送りへ」、本文は「政府・与党は野党が求める総裁選前の臨時国会を見送ります」となっていました。

翌八月三一日の四時九分に公開されたNHKのネット版記事も、見出しで「政府　臨時国会の召集見送る方向　自民党総裁選前の解散厳しい状況」と述べ、本文冒頭では「野党側が求めている来月上旬からの臨時国会について、政府・与党は、召集を見送る方向で調整しています」と説明しました。

これらの記事は、判で押したように似通った内容ですが、特に重要な共通点は、菅内閣が臨時国会の召集を拒否する姿勢を「見送り」と表現したことです。

確かに前記した通り、菅内閣は召集しないと野党側に通告した説明で「見送り」という言葉を使っていました。

しかし、見送りという言葉は、本来は「義務ではないことを自分の判断で先送りにすること」を指す言葉で、課せられた義務を果たさない行為を「見送り」とは言いません。

例えば、何かの罰金を科せられた人が、その支払い義務を果たさない態度を「支払いの見送り」とは言わないでしょうし、言ったとしても通用しないでしょう。

『広辞苑』第七版の「見送り」の項目でも、死者の葬送などと共に「見ているだけで手を出さない」「採り上げないで、そのままにしておく」という意味が示されていますが、「課せられた義務を内閣が果たさない」などの意味では使われない言葉です。

憲法第五三条に基づく臨時国会召集が、内閣に課せられた義務であることは、当時の加藤官房長官も記者会見で認めていました。それを菅内閣が行なわないなら、報道は「召集を見送り」ではなく「召集を拒否」などの言葉を使うのが当然です。

これを「見送り」という、一見すると良識的なイメージのある詭弁の言葉で報道してしまうと、その行動が「憲法で内閣に課せられた義務の不履行」だという事実がぼかされ、「その義務をいつ果たすかは時の内閣が自由に決めていいものだ」という間違ったイメージを社会に植え付けてしまう危険性があります。

従って、菅内閣の臨時国会召集拒否を「見送り」と報道したメディアはすべて、実質的には中立ではなく、菅内閣の詭弁に加担したことになります。こうした態度は、国民の問題認識と世論の形成に大きな影響力を持つ報道機関として、重大な問題でしょう。

《7》不正疑惑から逃げる詭弁の代表格「記憶にありません」を封じる追及法

国会で不正疑惑への関与を追及されている当事者が、重要な質問に対して口にする「記憶にありません」という言葉。

もし「貴方は不正行為に関与しましたか?」と問われた時、「はい」と答えれば不正への荷担を認めたとして罪に問われ、「いいえ」と答えれば、あとで実際には関与していた事実が明らかになった時、偽証や虚偽答弁になる。

そんな窮地の状況で、逃げ道としての「記憶にありません」は便利な詭弁です。

本当は関与していても、この言葉で当座の追及をはぐらかし、事実関係がその後も明らかにならなければ、関与していないように見せかけて逃げ切れるからです。

本書の「はじめに」でも紹介しましたが、『広辞苑』第七版は「詭弁」という言葉の意味について「命題や推理に関する論理的操作によって生ずる、一見もっともらしい推論(ないしはその結論)で、何らかの誤謬を含むと疑われるもの。相手をあざむいたり、困らせる議論の中で使われる」と説明しています。

これを踏まえて考えると、不正への関与を追及されている政治家や官僚が口にする「記憶にありません」は、明らかな「詭弁の一形態」であると言えます。

今回は、この「記憶にありません」の詭弁としての構造を読み解きます。

◆本当のことがバレて失敗した「記憶にありません」の失敗例

二〇二一年二月一七日、国会の衆議院予算委員会では、東北新社による総務省幹部への不正接待に関する追及が行なわれていました。

そこで、総務省の秋本芳徳《あきもとよしのり》情報流通行政局長（当時）は、一二ヵ月前の一二月一〇日に自分が東北新社の複数の幹部（そのうちの一人は菅義偉前首相の長男である菅正剛《せいごう》）と会食した際に「BSやCSについての話が話題に上ったという記憶はございません」「放送業界全般の話題が出たという記憶もございません」と答弁しました。

東北新社は、BSやCSの放送事業を行なう子会社や関連会社を擁する情報・通信企業の一つで、総務省はその許認可を行なう省庁です。従って、もし東北新社が支払いを負担する会食で、BSやCSについての話題や放送業界全般の話題が出たのであれば、それは業者と行政の癒着に繋がる「不正接待」になります。

しかし同じ二月一七日、「週刊文春」の電子版が、会食の現場で密かに録音された音声データを公開すると、事態が一変します。そのデータには、秋本局長と菅正剛らがBSやCSに関わる話題で会話している内容が含まれていたからです。

これを受けて、秋本局長は二月一八日に「BS、CS、スターチャンネル（東北新社の子会社が手がける放送事業）等に関する発言は記憶にない」と述べましたが、二月一九日には前言を翻《ひるがえ》し、衆院予算委で「今となっては、子会社社長や首相長男からBS、CS、スターチャンネルに言及する発言はあったのだろうと受け止めている」と認めました。

結局、秋本局長の「記憶にありません」という言葉で逃げ切ろうとする試みは失敗に終わりました。このように、「記憶にありません」という言葉は、本当のこと（事実関係）を示す証拠が出てきた瞬間に一発で崩れ落ちる、砂上の楼閣のような詭弁です。

では、こうした証拠が出なければ、「記憶にありません」が詭弁であることを立証できないのでしょうか？

現在の政治報道メディアや野党議員は、追及される当事者がこの言葉を口にすれば、そこでお手上げとなってしまう様子です。けれども、論理的に考えれば、この「記憶にありません」という台詞は、逆に「記憶があるからこそ言える言葉」だと理解できます。

それはどういうことか？

自分が、不正疑惑の追及を受ける官僚になったつもりで会食当時の状況を想像してみれば、秋本局長のような発言はあり得ないことがわかります。

◆「不正を疑われる行為をしてはならない」という意識があったか否か

総務省の幹部職員が、許認可対象の放送事業者から小料理屋で接待を受ける。

これ自体が、まず不正な癒着を疑われる「地雷原」です。

接待する側があらかじめ準備し、事前に店を予約した時点で「特定の利害目的のために行なう会食」である可能性が高いと考えられるからです。何の目論見《もくろみ》もなく、民間企業が官僚との会食に会社の予算を投じることは、基本的にあり得ません。

もし貴方が総務省の幹部職員で、一切の不正に手を染めないという倫理観を持っているなら、会食の席で何に注意するでしょうか？

当然ですが「放送事業などの許認可に関わる話は一切しないこと」を最初から最後まで意識し、会食中には自分の言葉を慎重に選ぶはずです。

もし許認可に関わる話題を相手に振られても、答えずに話題を変える。最後までそれをやり遂げれば「自分はこの会食の席で、放送事業などの許認可に関わる話は一切しなかった」という達成感と安心感で店から出られます。

ここで重要なのは、問題のポイントは「その話をした・しない」以前の段階である「その話をしないことに最大限の注意を払い続けたか否か」だということです。

自分がその時に「不正を疑われる行為をしてはならない」という倫理意識を頭の中で強く持っていたか否かは、その場の記憶ではなく「常日頃の心掛け」の問題です。

自分以外の誰かの話であれば、会食の場で「彼が特定の話題に言及したかどうか記憶にない」こともあり得ます。それは「彼の話を脇で聞く」という傍観者の立場で記憶されるものだからです。彼の口から言葉が発せられるまでに、彼の脳内でどんな思考が巡らされているかを、他人は知ることができませんし、自分以外の人間が口にした発言内容のすべてを記憶していなくても、特に不思議はありません。

けれども、自分の行動に関する話なら、心の中に「その話題の話は絶対しないという明確な意識」を持っていたか否かが決定的なポイントになります。

それがあれば、事実関係の確認を求められても「いいえ、放送事業などの許認可に関わる話は一切しませんでした。なぜなら、公務員として『そのような話はしてはならないと常日頃から承知している』から」と明言できるはずです。

◆追及すべきは「不正なことをしないための努力をしたか」

つまり、自分が発する一つ一つの言葉に注意を払いながら会話しているなら、許認可に関わる話をしたかどうか「記憶にない」という状況は、本来起こり得ません。

そして、霞《かすみ》が関《せき》の省庁で幹部になる人間は、同期との競争を勝ち抜く上で不可欠な「ずば抜けた記憶力」を備えている上、省内での自分の立場を常に意識しており、失脚や左遷に繋がるようなリスキーな行動はとらないよう心掛けているはずです。

許認可対象の放送事業者からの接待という、明らかにリスクの高い場に出向くのは、省内で力を持つ上司が「それを了承している」場合に限られるでしょう。

従って、野党議員や報道メディアの記者が問うべきは「特定の話をしたか、しなかったか」ではなく、国家公務員なら当然の「常日頃からの心掛け」として「不正を疑われる話をしてはいけないと注意を払う努力をしたか否か」です。

この形の質問なら「記憶にありません」という返答は通用しません。そう答えたら、その時点で国家公務員失格となるからです。もし「その努力はした」と答えたら、「努力したのなら『その話はしていない』と明言できるはずですよね？」と追及できます。

この追及法は、会食での話題だけでなく、誰かと会ったか否か、という問題でも同様に使えるはずです。

森友学園や加計学園の不正疑惑の追及で、安倍晋三元首相や秘書官などの関係者が、特定の面会を行なったか否かを問われて「記憶にありません」と答える場面が何度もありました。その場合も、自分がその状況下で会ってはいけない相手という認識があったか否かを確認すれば「あったのなら、面会していないと明言できますね？」と追及できます。

つまり、政治家や官僚が言う「記憶にありません」という台詞は、その時に「公言できないヤバいことを自分がしたという記憶」がしっかりあるからこそ使う詭弁です。

もうそろそろ、こんな陳腐で粗末な詭弁を社会で通用させるのはやめにしませんか？

《8》「始まったからには東京五輪応援を」という、善意につけ込む詭弁

二〇二一年初頭の時点で国民の約八割が開催に反対（一月一三日公開のＮＨＫ世論調査で

「東京五輪・パラは開催すべきか」との問いに、「開催すべき」が一六%、「中止すべき」が三八%、「さらに延期すべき」が三九%で、中止と延期を合わせると七七%）し、開催直前でも反対意見が根強く残る中で、東京五輪は同年七月二三日に開会式を迎えました。

ＮＨＫの公式サイトで、この世論調査の結果に関する分析を見ると、回答者を東京都民だけに絞った場合、「開催すべき」が一三%、「中止すべき」が四九%、「さらに延期すべき」が三二%で、中止と延期を合わせると八一%でした。

しかし、開催の決定権を持つとされる国際オリンピック委員会（ＩＯＣ）のトーマス・バッハ会長は、同年七月一七日に「日本の方は大会が始まれば歓迎し、支援してくれると思う。日本のアスリートが活躍するのを見ると、（開催を疑問視する）態度も過激なものではなくなるのではないか」と述べました。

日本国民の命と健康に責任を負う菅義偉首相（当時）も、同年七月二〇日に「競技が始まって国民がテレビで観戦すれば、開催に懐疑的な人の考えも変わる」と、あたかも反対している国民が「皮相的なムードに流されて、問題を深く考えずにそうしている」かのようなイメージを社会に広める言葉を語っていました。

そして、東京五輪が開幕すると、「始まったからには、反対などと言って選手の活躍に水をさすようなことはせず、みんなで応援しよう」という、なんとなく善良そうに響く言葉で東京五輪開催への反対意見を封じようとする人が、あちこちに現れました。

今回は、この一見もっともらしい、あたかも選手に寄り添うかのような言葉が、実は受け手の論理的思考をさりげなく停止させる詭弁であることを論証します。

◆東京五輪への反対意見を矮小化する人たち

二〇二一年七月二三日、日本維新の会に所属する藤田《ふじた》文武《ふみたけ》衆議院議員は、次のような内容をツイッター（現X）に投稿しました。

「東京オリンピック開会式。これまで政治的に五輪中止を主張していた方々も、始まったからには揚げ足取りや粗探しを控えて、感染拡大防止に最新《ママ》の注意を払いながら競技に臨む選手たちに心からのエールを」

この短い文章に、いくつかの「いやらしいトリック」が仕込まれていることに気づかれましたか？

まず、「これまで政治的に五輪中止を主張していた方々も」という表現。あたかも東京五輪の中止を求める主張が、倫理や人道の観点でなく、何らかの「政治的意図」に基づく行動であるかのように、受け手に印象づけようとしています。

安倍晋三元首相も、月刊「Ｈａｎａｄａ」二〇二一年八月号（飛鳥新社）に掲載された櫻井《さくらい》よしことの対談記事で、「（日本）共産党に代表されるように、歴史認識などにおいても一部から反日的ではないかと批判されている人たちが、今回の開催に強く反対していますᅵ」「きわめて政治的な意図を感じざるを得ませんね。彼らは、日本でオリンピックが成功することに不快感を持っているのではないか」という邪推を披露していました。

しかし現実には、日本国内と海外の両方で東京五輪に最も強く反対していたのは、病院の院長や医師、看護師、医療専門家などの「医療関係者」でした。

東京五輪が新型コロナ感染症の「スーパースプレッダー（強力な感染源）的行事」になりうるという指摘、新たな変異株（東京株）を生み出す可能性があるという指摘、メディアを動員した東京五輪のお祭り騒ぎが人々の感染予防意識を緩めるという指摘、そして熱中症など他の疾病に対処する余力が失われて「医療崩壊（病院が患者を収容できず放置される状態）」を引き起こすという指摘こそ、菅首相と日本政府が東京五輪の開催を強行するか中止するかの判断材料として、耳を傾けなくてはならない言葉だったはずです。

◆開催の成否を「勝ち負け」の文脈で考える人間の発想

東京都立川《たちかわ》市の立川相互病院は、二〇二一年四月から「医療は限界　五輪やめて！　もうカンベン　オリンピックむり！」という張り紙をガラス窓に掲示しましたが、同病院の増子基志《ますこもとし》事務長は「すでに医療崩壊は起こっていると言っていい。入院したくてもできない人をこの地域から出したくない。命を守るために、今からでも五輪中止を政府は判断すべきだ」と、悲痛な言葉を語っていました（同年七月三一日付の時事通信記事）。

こうした医療関係者の声を踏まえて、先の藤田文武議員のツイートを読めば、東京五輪に強く反対する医療関係者の切実な叫びをあざ笑うかのような彼の言葉が、どれほど人の命や健康を軽んじるものか、よくわかると思います。

彼は、東京五輪の開催に反対する意見を「政治的理由による揚げ足取りや粗探し」と決めつけて、耳を傾ける価値がないかのように印象づけ、医療機関の逼迫《ひっぱく》や感染爆発の危険性に関する医師や医療専門家の指摘が存在しないかのように無視しているからです。

国民全体の奉仕者である国会議員として、無責任きわまりない投稿です。

そして、藤田文武議員のツイートにある「始まったからには揚げ足取りや粗探しを控えて、感染拡大防止に最新《ママ》の注意を払いながら競技に臨む選手たちに心からのエールを」という言い回しの異様さも、医療関係者による警鐘と対比すれば明らかです。

東京五輪を開催することで生じる、医療機関への負担増大や新たな感染リスクなどは、始まる前よりもむしろ「始まった後」に顕在化する問題です。

東京五輪の「開会式さえ始めてしまえば勝ち」というのは、開催の成否を「勝ち負け」の文脈で考える人間の発想ですが、医療関係者が懸念する各種の問題や危険性は、東京五輪が「始まった」ことでこの世から消え去るものではなく、逆に「始まった」ことで活性化し、深刻化するものです。

◆「始まったからには」批判をやめて全体に従え、という「同調圧力」

そもそも「始まったからには」という言い方自体、一見もっともらしいですが、論理的には何の説明にもなっていません。

当時の菅首相は、日本国内でずっと多数派だった「今夏開催反対」の意見を無視して、政権与党の権力を使って開催を強行しました。このような異論排除のごり押しで開催しておいて「始まったからには反対の主張を控えて同調せよ」という理屈が通用するのであれば、権力を持っている側は何でもやりたい放題になります。

この「始まったからには」という論理的でない言い方は、論理よりも情緒を大事にする日本人には強い威圧効果を持つ「同調圧力」として機能します。

日本人は、子どもの頃から「集団の秩序」に適応するよう、思考を訓練されます。親や教師、部活の顧問や先輩、会社の上司など、集団内の序列で「上の立場にいる者」の言うことに黙って従い、所属集団がいったん特定の方向へと動き始めたら、それにおとなしく同調することを強要されます。

この時、疑問や異論を封じるためによく使われるのが「もう決まったことなんだから、みんなの和を乱さず従え」という言い方です。

東京五輪に関して「始まったからには、もう文句を言わず、我々と一緒に選手を応援しろ」というのも、論理的にはこれと同じです。心のやさしい人は、「そうしなければ、頑張っている選手がかわいそうだ」という「情」にほだされて、「東京五輪は中止すべきだ」と主張するのをやめてしまったかもしれません。

今後、同じような場面でそんな心境へと誘導されそうになったら、いったん立ち止まって、東京五輪に関して医療関係者が訴えた「声」を思い出すべきです。

そうすれば、「始まったからには黙って従え」という言い方が、現実に存在する大きな問題から人々の目を逸《そ》らすための「煙幕」のような詭弁だと気づくはずです。

今後、日本が戦争へと向かい始めた時、国民の八割が反対しても政府が無視して開戦へと突き進み、そうなった段階で「もう戦争は始まった。始まったからには、国民が一丸となって敵と戦う努力をすべきだ」と国民に命じる光景を想像してみましょう。

そうすれば、この「始まったからには」という詭弁の本当のおそろしさが理解できるのでは、と思います。

《9》聞けば聞くほど「不安」になる、「安全・安心」という政府の詭弁

自分の乗っている旅客機に、何かトラブルが起きたようだ。

乗務員が、不安げにソワソワと動き回っている。変な匂いがする煙を吸って、体調を崩す乗客も出始めた。

やがて、機長がマイクを通じて「機体に深刻なトラブルが発生しましたが、近隣の空港

に緊急着陸せず、このまま目的地まで飛行を続けます」とアナウンスした。

これを聞いた乗客の多くは、命の危険を感じて騒ぎだし、「すぐに近隣の空港に緊急着陸して、自分たちを降ろしてくれ！」と詰め寄ったが、コクピットで操縦桿を握る機長はまったく聞き入れず、こんな説明を機械のように繰り返し続けた。

「引き続き、安全・安心の飛行で目的地に着くよう全力で取り組んでまいります」


もし旅行中にこんな事態に遭遇したら、まさに悪夢としか言えないでしょうが、二〇二一年七月に東京五輪が開催されるまでの時期、われわれの住む国は、これと同じような状況に直面していました。

国内で新型コロナ感染という「深刻なトラブル」が発生し、国民の六割から八割（世論調査の媒体によって幅がある）が「すぐに東京五輪の今夏開催を中止して、新型コロナ対応に全力を尽くせ」と政府に要求しているのに、菅義偉首相（当時）と日本政府はそれを無視して、東京五輪という「目的地」への飛行を継続すると言い張り、メディアと国民にこんな説明を繰り返していました。

「安全・安心の大会に向けて全力で取り組んでまいります」

新型コロナの感染が収束せず、医療機関の危機的状況も全然解消されない上、本格的な夏の到来で熱中症の患者を病院に救急搬送する事例が増えるものと予想され、内外の医師や医療関係者は「東京五輪の開催を強行すれば、それが新たな感染爆発の起爆剤になりうる」と警告を発していました。

にもかかわらず、これらの問題点を無視して「安全・安心」を呪文のように繰り返した菅首相と日本政府。今回は、この一見もっともらしい「安全・安心」という言葉が、実は油断できない「危険な詭弁」であることを論証してみようと思います。

◆聞き手の思考を停止させる催眠ワード「安全・安心」

菅首相の「安全・安心」という言葉がニュースで大きく報じられるようになったのは、二〇二一年に入ってからですが、東京五輪組織委員会（以下「組織委」と略）は、二〇二〇年三月に「東京五輪開催の一年延期」が決まった段階で、既に「安全・安心」という言葉を用いていました。

二〇二〇年三月二四日、組織委は安倍晋三首相と森喜朗《もりよしろう》組織委会長（いずれも当時）、バッハＩＯＣ会長の電話会談についての声明を公開しましたが、その中に「アスリート及び観客の安心・安全を確保することが最も重要であり」という文言がありました。

六日後の三月三〇日には、バッハＩＯＣ会長と森組織委会長、小池百合子《こいけゆりこ》東京都知事、橋本聖子《はしもとせいこ》五輪相（当時、後に組織委会長）の四者が、東京五輪の新たな日程で合意し、小池都知事はスピーチで「アスリートや観客にとって安全で安心な東京五輪」と述べました。

この二つの声明では、「安全・安心」の対象が「アスリートと観客」になっていることに注意してください。つまり、それ以外の一般国民は対象に含まれていませんでした。

同年六月一〇日、組織委は大会延期に伴う大会の位置づけや原則、ロードマップを公表しましたが、この中の「２０２１年の開催に向けた方針」にはこう書かれていました。

「選手、観客、関係者、ボランティア、大会スタッフにとって、安全・安心な環境を提供することを最優先課題とする」

ここでも、「安全・安心」の対象は、東京五輪に関係する人間だけで、それ以外の大多数の日本人は対象外でした。これは、組織委という団体の性質を考えれば当然のことで、組織委は日本国民全体の命と健康に責任を負う立場にはありません。ただ、オリンピックというスポーツイベントを滞《とどこお》りなく開催することを目指す委員会です。

日本国民全体の命と健康に責任を負うのは、時の総理大臣である菅義偉でした。しかし菅首相は一度も、自分が口にする「安全・安心」という言葉の対象が誰であるのか、きちんと説明しませんでした。

もし「安全・安心」の対象が出場選手やIOC職員を含む東京五輪の関係者だけなら、冒頭に述べた旅客機の例で言えば、パイロットと客室乗務員だけに「安全・安心」を確保し、それ以外の乗客については知らないと言っているのと同じです。

本当なら、政治記者が菅首相に「総理がたびたび口にされる『安全・安心』とは『誰にとっての』でしょうか？　そこに一般国民は含まれますか？」と訊くべきでした。けれども、それをしなかったので、ただ菅首相の「安全・安心」という言葉だけが、一見もっともらしい開催正当化の方便として社会に流され続けました。

大抵の日本人は、「政府の発表を批判的に観察する」という、民主主義国の市民なら普通に身につけている習慣を持たず、政府の言うことを総じて善意で解釈してしまうので、菅首相と東京五輪組織委が繰り返す「安全・安心」という言葉を聞いて、自分もその対象に含まれると信じてしまったようでした。

しかし実際には、菅首相はそんな約束など一度もしていませんでした。

危険なのは、「安全」も「安心」も耳にやさしい言葉なので、この二つを繋げたフレーズを繰り返し耳に入れられると、思考が寝かしつけられるように停止して、深刻な問題が何も解決されないまま存在するという重要な現実を忘れてしまうことです。

菅首相と日本政府は、そんな効果を狙っていたのかもしれませんが、それは実際には、自国民を詭弁でだます態度です。

◆「安全」と「安心」はまったく性質が異なる別の話

そもそも、常にセットで語られた「安全・安心」という言葉ですが、この二つは性質の異なるもので、単純に結合して使われること自体、警戒しなくてはなりません。

前者の「安全」は、専門的見地から設定された客観的尺度（安全基準）がまず存在し、対象をそこに当てはめることで「安全基準の枠内にあるかどうか」が判定されるのが普通です。従って、感染症が拡大する中で東京五輪を開催することが「安全」だと言うなら、具体的にどんな尺度や判断基準に基づいてそう見なすのかを説明する必要があります。

けれども、菅首相はただ漠然と「安全・安心」というフレーズを繰り返すだけで、「安全」の判断基準を具体的に説明することは一度もありませんでした。

また、後者の「安心」は、一人一人の人間の内面、つまり「心の中」に自然に生まれるものであり、政府が国民に押し付けるようなものではありません。

東京五輪の「今夏開催に反対が多数」という世論調査の結果は、日本人の多くが心の中で「不安だ」と感じている事実を可視化するものでした。そんな「不安」を直視せず、ただ漠然と「安全・安心」というフレーズを繰り返しただけの菅首相の態度は、政府トップとしてきわめて無責任だったと言わざるを得ません。

このように、「安全」と「安心」を切り離して考えれば、現実に即した使われ方をしているかどうかを簡単に判別できますが、この二つを繋げて「安全・安心」という形で宣伝文句のように使われると、論理的にあやふやな概念に変化し、現実に即した使われ方をしているかどうかが判別しにくくなり、批判もしづらくなります。

◆森喜朗組織委会長が言い放った「安全・安心の判断基準はない」

こうしたトリッキーな言葉の使い方が、人の思考を惑《まど》わし狂わせる悪質な詭弁だという事実に気づく人は、そう多くないでしょう。

ちなみに、森喜朗組織委会長（発言当時：自身の女性蔑視発言がもとで二〇二一年二月一二日に辞任を表明）は、二〇二一年一月二八日の記者会見で、大会開催の前提とされている「安全・安心」の基準を記者から問われて、こう答えました。

「そんな判断の基準があるかって言われたら、ないですよ」

この無責任な言葉は、今までに菅や日本政府、組織委が数多くの声明に記してきた「安全・安心」という言葉の説得力を土台から崩壊させる爆弾発言のはずですが、日本の大手メディアはなぜかこの発言を深く追及せず、スルーしてしまいました。

森喜朗は、ある意味においては「正直な人」なのかもしれませんが、公的な役職者として無責任であることに変わりありません。

以上のように、菅首相と組織委、小池都知事、丸川珠代《まるかわたまよ》五輪相らが、東京五輪開催への疑問や批判を打ち消すために口にした「安全・安心」という言葉は、具体的な裏付けを持たない、白い煙で何かを隠す「煙幕」のような詭弁でしかありませんでした。

東京五輪の開催強行への疑問や批判に論理的に反論できないので、こうした詭弁に頼るしかなかったのかもしれません。

政府発表によく見られる、「感染症対策を万全にし」とか「引き続き安全・安心な大会の開催へ向け」といった、パターン化した言葉の羅列には、聞き手の思考を眠らせる催眠効果があります。実際には実現できていないことでも、こうした文字列を繰り返し聞かされるうち、もう既に実現したかのような錯覚に囚《とら》われるようになります。

これが「プロパガンダ（特定の政治思想に受け手を誘導する宣伝戦略）」の効果です。一見すると人畜無害な「安全・安心」という詭弁に惑わされず、今後も同様のパターンで国民をだます動きが生じないか、注意を払い続けていきましょう。

《10》「任命権者」と「人事」という言葉で批判を煙に巻く詭弁

二〇二〇年の秋、日本の学術界に大きな衝撃が走りました。

同年一〇月一日、日本共産党の機関紙「しんぶん赤旗」は、「菅首相、学術会議人事に介入　推薦候補を任命せず」との見出しで、菅義偉首相（当時）が日本学術会議の新会員候補六人について、理由を説明しないまま「任命拒否」していた事実を報じました。

日本学術会議とは、第二次世界大戦後の一九四九年に発足した、日本の学術研究者を代表する公的機関であり、政府に対して専門的見地から勧告や答申を行なったり、科学的な事柄についての見解や声明を発表する役割を担ってきました。組織の運営は、「日本学術会議法」という法律に基づいて行なわれ、同法は計二一〇人の会員を「会議が推薦」し、時の内閣総理大臣がその推薦に基づいて「任命する」と定められています。

菅首相が任命を拒否した六人は、安保法制や共謀罪など、安倍政権の政策に批判的な意見を表明していた学者が含まれていたことから、政治的な意図による人事介入ではないかとの批判が沸き起こり、同年一〇月八日の朝日新聞記事によれば、同日までに九〇以上の学会や大学、市民団体などが、菅首相の任命拒否に抗議する声明が発せられました。

イギリスを拠点とする国際的な科学学術雑誌「ネイチャー」は、同年一〇月八日に「科学と政治の切っても切れない関係」と題した社説を発表し、菅首相の任命拒否問題を含むいくつかの事例を挙げて「学問の自律性と自由を守るという、何世紀にもわたって存在してきた原則を、政治家が後退させようとする兆候がある」として、懸念を表明しました。

しかし、菅首相はこうした内外の学者と学会による批判や懸念を頑《かたく》なな姿勢で無視し、日本政府の学術研究や学問への政治的干渉という既成事実を作りました。
今回は、この問題に関連して菅首相が口にした詭弁を読み解きます。

◆菅首相が繰り返した「任命権者」と「人事」という詭弁

二〇二〇年一〇月九日、菅首相はコロナ感染が拡大する中で参加記者の人数を制限して行なった、記者会見に似た「グループインタビュー」の中で、日本学術会議の推薦者六人を任命しなかった理由について問われ、こんな言葉を口にしました。

「任命権者たる内閣総理大臣として」

それから一九日後の一〇月二八日、国会の衆院本会議で菅首相の所信表明演説に対する各党代表質問が始まり、その中で答弁した菅首相はこう説明しました。

「個々人の任命の理由については、人事に関することでお答えを差し控える」

菅首相は、この二つの機会を含め、自身の任命拒否について聞かれるたびに、繰り返し「任命権者」と「人事」という言葉を使って、自分の判断を正当化しました。

この、一見もっともらしい菅首相の説明を聞いて、なんとなく「そういうものかな」と思ってしまった人は少なくないかもしれません。

ですが、結論を先に述べると、この二つの言葉を持ち出して任命拒否という自分の行動を正当化する菅首相の説明は、明らかな詭弁です。

内閣総理大臣は、日本学術会議の会員任命という作業において、自由選択を前提とする本質的な意味での「任命権」など持っていませんし、日本学術会議法に基づく会員の任命は、一般組織内で使われているような意味での「人事」でもありません。

日本学術会議法の第七条二項には、「会員は、第一七条の規定による推薦に基づいて、内閣総理大臣が任命する」となっていますが、同第一七条は「日本学術会議は、規則で定めるところにより、優れた研究又は業績がある科学者のうちから会員の候補者を選考し、内閣府令で定めるところにより、内閣総理大臣に推薦するものとする」とあります。

この法律には、推薦された候補者の任命を「内閣総理大臣が拒否することを認める」ような文言はどこにも見当たりません。

もしそれが許されるのであれば、第七条二項の条文は「推薦に基づいて」でなく「推薦を参考にして」等となっていないとおかしいでしょう。

また、内閣総理大臣の個人的な好き嫌いが決定に反映しないよう、「推薦された者が以下に該当する場合には、内閣総理大臣は任命を拒否できる」というような欠格条項を定めた規定も必要となるはずですが、そのような条文も存在していません。

さらに言えば、日本学術会議法の第二五条と第二六条には、会員の辞職の申し出への対応や、会員として不適当な行為をした者の退職についての規定がありますが、どちらも「日本学術会議の同意を得て」「日本学術会議の申出に基づき」となっており、適格か不適格かを内閣総理大臣が独断的に決定することを許す条文にはなっていません。

つまり、総理大臣の立場は「任命者」であって「任命『権』者」ではないのです。

◆「任命」と「任命権」の意図的なすり替え

実際には歴代の自民党政権も、これまでずっと、先に紹介した日本学術会議法の条文に文字通り従う形で「推薦に基づいて任命」してきました。

例えば、中曽根康弘《なかそねやすひろ》首相（当時）は、一九八三年五月一二日に参院文教委員会で次のように答弁しました。

「これ（任命）は、学会やらあるいは学術集団から推薦に基づいて行なわれるので、政府が行なうのは形式的任命に過ぎません。したがって、実態は各学会なり学術集団が推薦権を握っているようなもので、政府の行為は形式的行為であるとお考えくだされば」

ここまでの説明で、よく似た二つの言葉が使われていることに気づかれましたか？

そう、「任命」と「任命権」です。

前者は、任命という行為自体を指す言葉ですが、後者は自分個人の考えを反映させる形でその行為を行なえる「権限」を指す言葉です。

菅首相は、この本来意味が異なる二つの言葉をわざと混同して使い、歴代の政権が継承してきた「任命」という形式的行為とは別に、首相個人の「上位者としての権限」が介在する余地があるかのように国民を錯覚させるべく、「任命権者」という似た言葉を新たに作り、それを議論の中に紛れ込ませるという手法をとりました。

この詭弁のトリックを読み解くには、過去の歴史的事件を参考にするのがわかりやすいかと思います。それは、一九三五年に起きた「天皇機関説事件」で有名になった、「天皇機関説」という憲法解釈の考え方です。

そこでは、当時「神聖不可侵」とされていた天皇であっても、実際の権限行使はすべて「憲法に基づくもの」でなくてはならず、天皇だからといって何をしても許されるわけではない、との解釈がなされていました。

◆総理大臣は、推薦された候補者を任命する「機関」でしかない

この「天皇機関説」で言う「機関」とは、大日本帝国という国家を「法人」と見なした場合の、最上部に位置する「執行機関」という意味でした。

つまり、天皇は好き勝手に権力を行使できる封建時代の皇帝とは異なり、憲法に定められた範囲でその務めを果たす「機関」だと解釈することで、大日本帝国は欧米の先進国と同様の「立憲主義の近代国家」になろうとしたのです。

こうした憲法解釈の深い意味を理解しない右翼活動家や軍人たちが、表面的な言葉の印象だけを見て「天皇陛下に対して失礼（不敬）だ」と攻撃し、これを社会から排斥してしまったのが、歴史の教科書などでも取り上げられる「天皇機関説事件」でした。

日本学術会議の会員任命問題も、内閣総理大臣を「国の一機関」と解釈すれば、菅首相が主張するような「任命権」など実は存在せず、従って会社の幹部や上司が部下の任命を自由に左右するという意味での「人事」問題でもないことがわかると思います。

日本学術会議法に基づいて、内閣総理大臣が行なう任命という行為（「任命権」とは異なる概念であることに注意）は、あくまで「手続きを行なう国の機関」として、首相個人の好き嫌いや思い入れなどを完全に排した形でなされなくてはならないものです。

よく似た言葉をさりげなく使って受け手を混乱させ、相手に気づかれないように論点をさりげなくすり替えるのは、詭弁でよく使われるテクニックです。

今後も、政府はこの種の詭弁を使い続ける可能性が高いですが、国民は「その説明は詭弁だ」と気づく能力を高め、うっかり詭弁にだまされないように注意しましょう。

《11》一つの国会答弁に五つの詭弁を仕込んだ菅義偉元首相の悪辣さ

ここまでのいくつかの項目で読み解いたように、菅義偉は官房長官時代も首相時代も狡《こう》猾《かつ》な「詭弁の使い手」であり、官房長官記者会見や首相記者会見で、政治記者や野党議員の有意義な質問をはぐらかして、相手に徒労感を味わわせる態度を繰り返しました。

ある時には、自分が首相として行なった短い国会答弁の中に、五種類もの詭弁を仕込んで質問者を煙に巻き、自らへの批判を無力化するというテクニックを使いました。

今回は、二〇二〇年一一月二五日の参院予算委員会において、菅首相が答弁の中で披露した「五つの詭弁」を取り上げ、その悪質なトリックを解体します。

◆「人事に関すること」「答えは差し控える」に仕込まれた「詭弁」

この日、日本共産党の田村智子《たむらともこ》参議院議員は、菅首相にこう質問しました。

「(日本)学術会議のホームページを見てみますと、何ページにもわたって、(菅首相による六人の任命拒否に抗議する声明を発した)大学・学会・学協会の名前がずらりと並んでいくんですよ。まさに空前の規模です。(略)
総理、まずお聞きしたいんですね。なぜこれだけの規模で短期間に抗議や憂慮の声、任命を求める声が学術界に広がったと思われますか?」

一読すればすぐ理解できるように、田村議員が菅首相に問うているのは、「六人の任命拒否という菅首相の行動に対する学術界の抗議が、なぜこれほどの規模に拡大したのか」という理由についての認識です。

しかし、菅首相はこう答えました。

「その理由については人事に関することでもあり、お答えすることは差し控えたい。この点もこれまで併せて説明をしてきたところであります」

これが「詭弁」であることに気づきましたか？

しかも、単なる詭弁ではなく、この短い答弁には実に「五重の詭弁」が仕込まれているのです。二〇一二年一二月の第二次安倍政権発足以来、自民党の首相や大臣は、国会でも記者会見でも、問題をはぐらかして批判を無力化する詭弁を常習的に使ってきましたが、これほど不誠実でたちの悪い詭弁の答弁は、他にあまり例がありません。

では、「五重の詭弁」とは具体的にどのようなものだったのでしょうか。

◆平然と論点すり替えや虚構の説明を口にした菅義偉

まず、第一の詭弁は「抗議が拡大した理由の認識」を問われているのに、六人を「任命しなかった理由」について問われているかのように、質問の論旨をさりげなくすり替えた上で「(任命しなかった)理由については答えられない」と、全然関係ない話を始めていることです。

第二の詭弁は、田村議員の質問は一般的な「人事に関すること」ではなく、六人の任命拒否という決定が引き起こした「学術界の反応」に関する内容なのに、あたかも「人事のこと」を聞かれているかのように論旨をすり替えた上で「人事に関することだから答えられない」と説明していることです。

第三の詭弁は、仮に質問の内容が「人事のこと」であったとしても、菅首相には本来、「なぜこのような『人事』を自分が行なったか」を説明する義務が課せられているのに、あたかもそれを説明しないでも許される権利、つまり「免責事由」が自分にあるかのような虚構を創り出していることです。

第四の詭弁は、菅首相には内閣総理大臣として下す決定についての「説明責任」が常に課せられているのに、それを「控える」という一見すると謙虚な表現で、その義務を果たさなくても許されるかのような錯覚をつくり出していることです。

そして第五の詭弁は、自分がいま話している内容は「これまで説明してきたこと」だという、田村議員の質問と何の関係もない主張を持ち出して、あたかも「いま訊かれている質問に自分はもうすでに繰り返し答えてきた、だから改めてここで答える必要はない」かのような、事実に基づかない自分勝手な虚像を創り出して、質問者と、このやりとりを聞く国民を煙に巻こうとしていることです。

◆たちの悪い「複合的詭弁」を許してしまう日本社会の弱さ

これほど手の込んだ、そしてたちの悪い「複合的詭弁」は、なかなか目にする機会がありません。しかも、それを口にしているのは政府トップの内閣総理大臣であり、この国で今後も生き続けないといけない市民にとっては深刻な事態です。

田村議員の質問は、本題に入る前の予備的な内容でしたが、実はもう誰の目にも明らかな形で、答えが出ていました。

学術界で抗議の声が広がった理由は、菅首相の行動が、理不尽だからです。

しかし、菅首相としては、答えを素直に口にするわけにはいきません。「それは、学者が私の態度を理不尽だと思っているからでしょう」と答えれば、自分の非を認めることになる。だから、質問に「まともに答えない」という態度をとるしかない。

それで、苦肉の策として、田村議員に問われた論点を徹底的にはぐらかしつつ、「論理力」があまり強くないオーディエンス（観客、聴衆）を煙に巻いて逃亡できるような、一見もっともらしいが実は内容が空っぽで何も答えていないに等しい、いやらしい「五重の詭弁」がひねり出されたというわけです。

本来なら、首相や大臣がこんな詭弁を弄して質問をはぐらかし、首相や大臣に付与された権力に付随する説明責任を果たさない態度をとった時、政治報道に携わる報道人が、それを目ざとく見抜いて市民に知らせる必要があります。

それが、民主主義国で政治に関わるジャーナリズムの重要な職務の一つです。

けれども、今の日本の政治報道は、そのような「鋭い仕事」をしているでしょうか。

もし、首相や大臣の言うことが詭弁まみれで、政治報道に携わる報道人がそれを見抜かないまま、詭弁を「正当な説明であるかのような体裁」で受け手に提示し続ければ、社会はどんなことになるでしょうか。

その答えが、いまの日本社会の異様な姿だと思います。

政権与党の国会議員が、平気でウソや詭弁を弄し、記者会見や国会質疑の内容を「時間の無駄」や「労力の無駄」に貶《おとし》め、自分たちの地位を守るために、日本語の意味や論理を土足で踏んで破壊しているかのようです。

このひどい状況は、すぐには好転させられないでしょう。

ですが、日本の社会を健全な方向に向かわせるために不可欠なことは何かと言えば、政治報道に携わる報道人と一般市民の両方が、自分の論理力を鍛えて、権力者が弄する詭弁を「これは詭弁だ」と見抜いて皆で批判する力を持つことだと思います。

《12》唐突にウイグル問題を持ち出す「ウイグル話法」の詭弁

ネットのSNSなどで、数年前から「ウイグル話法」という言葉を、しばしば見かけるようになりました。

話法と言っても、特に立派な構造があるわけではありません。

自民党などに批判的な意見を表明した人間にいきなり絡《から》んで「ではウイグルはどうなんだ」「○○を批判するなら、なぜ中国がウイグルでしていることを批判しないのだ」と言いがかりをつける、嫌がらせに近い行為です。

私も、この「ウイグル話法」の使い手に、何度か遭遇したことがあります。

例えば、二〇二一年二月二〇日にツイッターで、アメリカのバイデン大統領が第二次世界大戦中の米国内での日系人迫害について「米国の歴史の最も恥ずべき時代の一つ」と述べたことを報じる時事通信の記事を紹介したところ、匿名アカウントから次のような反応が寄せられました。

「そんなことよりも、大事なのはウイグルでしょ！」

指摘するまでもなく、この匿名アカウントは私が書いている内容を皆目理解せず、ただ嫌がらせのように、不毛なリプライ（返信）を私に送りつけてきました。

第二次世界大戦中のアメリカ国内での日系人迫害を、現職のアメリカ大統領が反省的に振り返る行為は、それ自体が大きな歴史的・政治的意味を持つものです。しかし、このバイデン大統領の行為は、中華人民共和国の政府が新疆《しんきょう》ウイグル自治区で行なっている人権侵害や拷問、虐殺などの非人道的行為とは、何の関係もありません。

なぜか日本人の一部には、他人を黙らせる目的で、ウイグル問題について語っているわけでもない相手に対して、いきなり「ウイグル問題」を持ち出す人がいます。

その多くは、自分の正体を隠した匿名の人間ですが、中には実名でこれを行なう人もおり、驚くべきことに現職の国会議員にも、この「話法」の使い手が存在しています。

◆川淵三郎氏の擁護で唐突に「ウイグル」に言及した音喜多議員

二〇二一年二月一一日、日本維新の会に所属する音喜多《おときた》駿《しゅん》参議院議員は、次のような内容をツイッターに投稿しました。

「早速、左派の方々を中心に、過去の発言を掘り起こして川淵《かわぶち》氏の会長就任に反対するハッシュタグ祭りが始まっている…。大事なのは現在と未来だし、人権を強調されるのであれば、ウイグル等でジェノサイドを現在進行系《ママ》で行う中国・北京の冬季五輪開催に何か言うことはないのかとさすがに申し上げたい」

この投稿がなされたのは、森喜朗氏が女性蔑視発言（「女性がたくさん入っている理事会の会議は、時間がかかります」や「私どもの〔東京五輪〕組織委員会にも、女性は七人くらいおりますが、みんなわきまえておられて」など）により東京五輪組織委会長を辞任し、後継者として川淵三郎《さぶろう》氏の名が取り沙汰されていた頃でした。

そして、川淵氏が「月刊Ｈａｎａｄａが愛読書」と公言していたこと（同誌の二〇一九年三月号の特集は「韓国に止めを！」、同年一〇月号の特集は「韓国という病」）、フランスのル・モンド紙が川淵氏について「極右に近い立場を取ることで知られている」と解説したこと（毎日新聞、二〇二一年二月一一日）などから、川淵氏は「東京五輪組織委会長という公平・公正な国際感覚が求められる役職にはふさわしくないのではないか」という批判の声が上がっていました。

こうした背景を踏まえて、音喜多議員のツイートを見れば、彼が唐突に「ウイグル」に言及しているのは、単なる論点逸らしの詭弁でしかないことがわかります。

川淵氏が「東京五輪組織委会長にふさわしいか否か」という問題に、ウイグル問題は全く関係ないからです。

この音喜多議員のように、「人権問題をどうこう言う者がウイグルの人権問題に言及しないのはダブルスタンダード（二重基準）だ」という、一見もっともらしい言葉で他人を威圧する「ウイグル話法」の使い手は、ネット上に散見されますが、実際には単純な詭弁でしかありません。

なぜなら、日本人が日本国内や特定の外国の人権侵害問題を語る時、ウイグルの事例に言及しなくてはならない義務など、どこにもないからです。

何かを問題として論じる際、論点が拡散すればするほど、本質がぼやけて、メッセージとしての訴求力は薄れます。それゆえ、問題の核心と共通する部分がある場合には、海外の同種の事例に言及する場合もありますが、多くの場合は論点を絞り込んで、本当に伝えたいメッセージに受け手の関心を集中させます。

そもそも、ある人がウイグル問題に言及しないことは、ウイグルで中国政府が行なっている非人道的行為をその人が是認していることを意味しません。

嫌がらせとしての「ウイグル話法」の使い手は、標的とする人間が「それを是認している」かのように勝手に話を歪めて威圧しますが、日本国内の身近で起きている人権侵害を批判する際に、いちいち無関係な外国（ウイグルなど）の話を持ち出す方がおかしいと、冷静に考えれば誰でも気づくはずです。

◆「ホワットアバウティズム」と「黙らせ恫喝」

論の構造面から読み解くと、日本で使われる「ウイグル話法」は「ホワットアバウティズム（whataboutism）」と呼ばれる詭弁術の派生形であると言えます。

英語圏で名付けられた「ホワットアバウティズム」は、何かを問題として論じている相手に対し、一見類似性があるように見える別の問題を引き合いに出して「では何々はどうなのだ（what about ～）？」と威圧し、論点をすり替えて混乱させ、相手の話の腰を折って黙らせようとする詭弁術です。

これを使われた側は、一見もっともらしい類似性に惑わされて、自分の主張が正しいかどうか自信が持てなくなったり、何を言いたいのかわからなくなったりします。

そもそも「ホワットアバウティズム」の目的は、話の腰を折って相手を黙らせることなので、標的となった人が口を閉じてしまえば、詭弁ゲームで「勝ち」になります。

日本の「ウイグル話法」もこれと同じで、その目的は、何かを批判する話の腰を折って相手を黙らせ、結果として批判対象を擁護することにあります。

この種の詭弁術を、私は「黙らせ恫喝《どうかつ》」と呼んでいますが、それを使う者は、建設的な話をするのが目的ではないので、威圧に惑わされて口を閉じる必要はまったくありません。

先に紹介した音喜多議員のツイートにある「左派の方々を中心に」という言葉が示すように、「ウイグル話法」はほとんどの場合、話者が「左派・左翼」と見なした相手を標的にする場合にのみ使用されます。「右派」の話者がウイグルと無関係な話をしている時に「ではウイグルはどうなのだ」と威圧する話法を使う人を見たことがありません。

また、中国の支配下にある香港《ホンコン》警察が、民主化を求める香港の市民を無慈悲に弾圧する光景を見て、香港警察の横暴を批判する日本人に対して「ではウイグルはどうなんだ」と威圧する話者も見当たりません。

多くの場合、「ウイグル話法」の使い手は、中国共産党政府を敵視する思想を共有している様子ですが、ウイグルも香港も共に「中国共産党政府の被害者」という図式なので、詭弁を使って批判者を黙らせる必要性を、話者は感じていないのかもしれません。

音喜多議員は、先のツイートを投稿した翌日の二月一二日に「『いかなる人権問題にも可能な限り等しく声をあげるべき』と表現を訂正いたします」と投稿していました。

しかし、この訂正後の文言も実は「ウイグル話法」と同様、特定の人権問題を語る者は「他の人権問題すべてにも等しく言及しなくてはならない」かのような、一見もっともらしいが実は根拠のない錯覚を社会に広める謬論（間違った論）です。

問題Aについて批判的に論じている際、Aと直接関係ないのであれば、人権侵害など特定の一面において共通点があろうとも、問題Bや問題Cに言及する必要はありませんし、BやCに言及しなかったからといって「アンフェア」や「ダブルスタンダード」と難癖をつけられるいわれもありません。

もし誰かから「ウイグル話法」で絡まれたら、毅然とした態度で「今はウイグルの話をしていません」と切り返して相手を突き放すことをお勧めします。

この種の詭弁は、話の腰を折って相手を黙らせることが目的だと正しく理解し、過剰に恐れたり怯《ひる》んだりしないようにしましょう。

《13》安倍・菅の「詭弁政治」を継承する自民党岸田内閣

二〇二一年一〇月四日、自民党の岸田文雄が、第一〇〇代の内閣総理大臣に就任しました。

岸田首相は、二〇一二年一二月に第二次安倍政権が発足して以来、菅義偉官房長官と共に長らく外務大臣として政権の要職にあった人物ですが、彼も前任首相の菅やその前任者の安倍晋三と同様、記者会見や囲み取材などで、自分に都合のいいように質問をはぐらかす詭弁を頻繁に使っています。

二〇二三年一二月四日、朝日新聞は岸田が自民党政務調査会長（政調会長）という党の要職にあった時期の二〇一九年一〇月四日、党本部でニュート・ギングリッチ元アメリカ下院議長らと面会し、その際に旧統一教会（世界平和統一家庭連合）の関連団体でトップを務める二人とも面談していたと、複数の関係者の証言に基づいて報じました。

一人は、同教団の友好団体「天宙平和連合（UPF）ジャパン」の梶栗正義《かじくりまさよし》議長で、もう一人は「UPFインターナショナル」のマイケル・ジェンキンス会長でした。

これに対し、岸田首相は同日午前に行なわれた記者の囲み取材で「ギングリッチ氏と会ったが、その際には大勢の同行者がいて、その一人一人については承知していない。これが私の認識だ」という詭弁で、質問をはぐらかしました。

二〇二二年七月八日に安倍元首相殺害事件が発生し、安倍をはじめとする自民党の国会議員の多くが旧統一教会と関係を持っていた事実が明るみに出ると、岸田首相は同年九月に党所属議員と教団の繋がりについて点検しました。その結果、所属議員三七九人（形式的に党を離れている衆参両院議長は含まず）のうち一八〇人が教団と接点を持っていたと公表しましたが、岸田首相自身は「接点がない」と自己申告しました。

朝日新聞が報じた面談の事実は、この岸田首相の説明が虚偽であった可能性を示唆するものでした。しかし、岸田首相は明確な否定の言葉は口にせず、「承知していない」という詭弁で事実関係を曖昧にし、追及をはぐらかし続けました。

この岸田首相の発言の何がどう詭弁なのか。背景となる問題の構造を読み解きながら説明します。

◆事実関係について訊かれて「承知していない」と返す詭弁術

自分が今まで言ってきたことに真っ向から反する事実が明らかになった時、責任ある大人がまずやるべきことは、自分がウソをついていたことを認め、ウソをついた理由を説明することです。

けれども、この一二年間の自民党政権下で、こうした「責任ある大人の態度」は日本の政治中枢から消失しました。自分が今まで言ってきたことに真っ向から反する事実が明らかになっても、汚い詭弁や幼稚な詭弁を弄して「自分は間違っていない」と居直り、甘やかされた子どものように、現実から逃避するのが普通になりました。

岸田首相の「自分が歓待した相手が誰なのか承知していない」という詭弁も、政治家として、人間としてのレベルの低さを物語る、傲慢で悪質な詭弁の一形態です。

まず、「承知」とは「知っている、聞き入れる、承諾する、とがめずに許す、見逃す」などの意味を持つ言葉です（『広辞苑』第七版）。

旧統一教会と繫がりがないと言ってきた自分が、実は旧統一教会系団体のトップ二人を自民党本部で歓待していた事実をごまかすため、歓待した相手が誰であったか「承知していない」と言う岸田首相は、要するに「ＶＩＰとして歓待はしたが相手が誰であったかは知らない」という呆《あき》れた主張を、形式ばった言い方でしているだけです。

ところが、朝日新聞の一二月五日付の記事には、岸田首相とギングリッチ氏を梶栗氏とジェンキンス氏が両脇から挟む形の「四人での記念写真」や、自民党本部の応接室でギングリッチ氏だけでなく梶栗氏も応接用ソファにどっかり座ってお茶かコーヒーを飲んでいる光景（撮影者と思われるジェンキンス氏の前にもカップがある）の写真が掲載され、一二月七日には岸田首相とジェンキンス氏が名刺交換している写真も公表されました。

そして、一二月七日付の記事では「面談はＵＰＦジャパンが手配した」「（当日は）まず名刺交換をした。その上で話し合った」「当時、誰が参加していたかは明らかだ」などのギングリッチ氏の証言が紹介され、同紙が掲載した一連の写真はギングリッチ氏が提供した事実も明かされました。

同日付記事には、「もともとは安倍（晋三）首相（当時）とギングリッチ氏の会談をアレンジしようとしたが、時間をとれなかったので安倍首相が岸田政調会長（当時）との会談をセットしたと理解している」という、UPFジャパン側の説明も記されていました。

つまり、「岸田首相は安倍晋三の指示で自民党本部で歓待し、面談した相手が誰なのかを知っていた」という事実を、旧統一教会サイドからバラされてしまったのです。

では、なぜ岸田首相は「知らなかった」というウソではなく「承知していない」というウソをついたのか。「知らなかった」と言えば、自分が無能で間抜けである印象を国民に与える可能性がありますが、「承知していない」という居丈高《いたけだか》な言い方をすれば、何らかの見識がそこに存在するかのような「虚構の威厳」が生じるからです。

つまり、ありきたりな言葉で表現すれば「はったり」です。

自分の非を認めないために、こんな「はったり」で虚構の威厳を醸《かも》し出して自国民をあざむくことしかできない。こんな器の小さい人間が、総理大臣という日本政府のトップであることの意味を、われわれ日本国民は改めて考えなくてはなりません。

◆次々とボロが出る「面談した相手が誰なのか承知していない」という言葉

自民党の政調会長とは、政策や法案についての党の方針を取りまとめて内閣に提示する役職で、選挙対策の実務を担う幹事長、党内の意見対立を解消して意思統一を図る総務会長と合わせて「党三役」とも称されます。

常識で考えればわかることですが、政権与党の政調会長という要人が党本部に外部の来客を迎える際、入室する人間の身元は厳しくチェックされます。たとえアメリカ政府の元要人であっても、随行する人間が誰なのか、名前だけでなく立場や関係なども確認され、何らかの報告書の形で「問題なし」と記録されたはずです。

そして、梶栗正義氏とマイケル・ジェンキンス氏は、報道記事などでは旧統一教会系団体の役職で紹介されるのが常です。岸田首相から「ギングリッチの同行者は誰なのか？」と訊かれた時、秘書や自民党の部下は「彼らは旧統一教会系の団体トップです」という以外に「説明のしようがない」のです。

もし仮に、岸田首相の「面談した相手が誰なのか承知していない」という言葉が事実だとしたら、相手の肩書について岸田首相から確認された秘書や自民党の部下が「さあ、彼らが何者なのか、よくわかりません」と返答し、岸田首相は「そうか」と言ってそのまま「誰なのかよくわからない梶栗正義氏とマイケル・ジェンキンス氏」を自民党本部の応接室に迎え、ソファに座らせてお茶を出し、ギングリッチ氏という「ＶＩＰ」との大事な会談に同席させ、四人並んでの記念写真まで撮らせていたことになります。

政権与党の政調会長が、そんな迂闊《うかつ》な態度をとる可能性は事実上ゼロでしょう。

岸田首相と面談した梶栗議長の「ＵＰＦジャパン」は、二〇〇五年に教団創始者の文鮮《ムンソン》明《ミョン》と妻で教団総裁の韓鶴子《ハンハクチャ》が創設した団体（ＵＰＦ）の日本支部ですが、梶栗氏は旧統一教会系の政治団体「国際勝共連合」の会長も兼務しています。

後者は、共産主義の打倒を目標とする組織で、一九六八年四月一日の創設以来、自民党と親しい関係を築いてきました。安倍晋三が崇拝する祖父の岸信介《きしのぶすけ》元首相も、日本の国際勝共連合（韓国の同名団体がまず一九六八年一月一三日に文鮮明を教祖として設立）の発起人の一人として、同組織に深く関わっていました。

つまり、自民党で政調会長という要職にあった岸田首相が、自民党と親密な「国際勝共連合」の現会長について「何も知らない」わけがないのです。

◆旧統一教会は「二〇一二年の自民党総裁選で安倍晋三を支援した」と証言

梶栗氏は、二〇二二年八月二九日に出演したNHKの番組「クローズアップ現代」のインタビューにおいて、「数ある反共意識の高い政治指導者を応援させていただいた中に安倍家三代（岸信介、安倍晋太郎《しんたろう》、安倍晋三）の方もおられた」「安保法制など安倍元首相が掲げてきた政策に対して、理解を深めるためのさまざまな勉強会を各地で行い、選挙では応援を依頼された方（自民党の候補者）を各地において応援させていただいた」と証言しました（同年八月三一日付のしんぶん赤旗が報道）。

二〇二三年七月六日付の朝日新聞は、一九七〇年前後に「国際勝共連合」の二代目事務総長を務めた阿部正寿《あべまさとし》氏による、「二〇一二年の自民党総裁選で安倍晋三を支援した」との証言を含む記事を掲載しました。

しかし、岸田首相は、二〇二二年九月八日の衆院議員運営委員会の閉会中審査で、安倍晋三元首相と旧統一教会の関係について「調査しない方針」を明らかにしました。「お亡くなりになった今、確認するには限界がある」というのが、その理由でした。

同年九月二二日午前に訪問先のニューヨークで行なわれた内外記者会見でも、岸田首相は「ご本人の心の中での判断に基づくものである以上、ご本人が亡くなられた今、その実態を把握することには限界がある」として、安倍元首相と旧統一教会の関係について「調査しない」と述べ、五日後の九月二七日には岸田内閣の閣議決定として、安倍元首相の「国葬」が執り行なわれました。

◆改めて問われる「安倍晋三元首相を国葬にした妥当性」

同年一〇月一四日、政府は安倍元首相の国葬にかかった費用の総額が、速報値で一二億四〇〇〇万円だったと公表しました。

安倍元首相と旧統一教会の関係について、岸田首相がうやむやにせず、本格的に調査する意向を示していたら、あるいは安倍元首相の国葬にも影響が及び、疑惑の渦中にある人物の国葬に一二億もの巨額の税金（公金）が費やされたことに対しても、国民の不満や不信感が高まっていた可能性があります。

言い換えれば、岸田首相が国民からの反対意見を無視して、安倍晋三という政治家を巨額の国費で「国葬」にした行為の妥当性についても、岸田と旧統一教会系団体トップの関わりが明らかになった今、改めて検証する必要が出てきました。

そして、前記した「もともとは安倍（晋三）首相（当時）とギングリッチ氏の会談をアレンジしようとしたが、時間をとれなかったので安倍首相が岸田政調会長（当時）との会談をセットしたと理解している」という、UPFジャパン側の説明が正しいとするなら、岸田首相は安倍元首相と旧統一教会の関係をしっかりと「承知」していながら、その事実を国民の目から隠ぺいするために「調査しない」との決定を下した疑いが生じます。

自分にとって不都合な事実を突きつけられても、それを潔《いさぎよ》く認めず「承知していない」という卑怯な詭弁で逃げる。こんなことが許されるなら、政治家はあらゆる不正疑惑の追及に対して返答や説明をはぐらかすことができます。

「貴方が賄賂《わいろ》を受け取った現場の写真と証言があるが？」

「賄賂を受け取ったとは承知していない」

不正行為の疑いについて、明確に否定はしないが、認めてもいない。疑惑の渦中にある政治家や官僚が揃って口にする「記憶にない」と同様、「承知していない」も後日に事実を認めることに含みを持たせた、責任逃れの詭弁です。

そこに醸し出される「虚構の威厳」に惑わされることなく、国民や報道記者は「承知」という一見すると穏やかな言葉遣いに隠された詭弁の意図を見抜く必要があります。

《14》日本人はなぜ権力者の詭弁を見抜けず何度もだまされてしまうのか

ここまで計一三の観点から、現在の日本社会に氾濫する詭弁の数々について、その構造と問題点を読み解いてきました。

これらの詭弁は、特定の条件下で特定の意図を持って、大抵は「立場が強い者」が自己利益のために用いるものですが、それぞれのパターンを認識すれば、別の条件下でそれが使われた場合でも、見抜くのは容易になるはずです。

先に引用したように、『広辞苑』第七版は「詭弁」の意味について、「命題や推理に関する論理的操作によって生ずる、一見もっともらしい推論（ないしはその結論）で、何らかの誤謬を含むと疑われるもの。相手をあざむいたり、困らせる議論の中で使われる」と説明しています。

したがって、一人一人の市民が詭弁を見抜く「目」を持つことが、社会の良識や健全さを保つための必要条件になります。

もし市民が詭弁を見抜く「目」を持たなければ、政治権力者やその手下、民間の権力者（企業の社長や幹部など）が自己利益のために詭弁を使うことが常態化していき、社会はどんどん不健全で反良識的な方向へと傾いていきます。

けれども、日本の社会を見渡してみると、市民が詭弁を見抜く「目」という面で、とても危うい状態にあるように思います。先に論証した計一三種の詭弁について、いまだ社会全体で「それは詭弁である」との認識が共有されておらず、何度でも同じタイプの詭弁に人々がだまされ、思考を誘導されているからです。

人の思考を狂わせる論理的操作としての詭弁は、もちろん日本以外にも存在しており、古今東西の国や社会で、人心誘導に利用されてきました。

なので、詭弁をどう見抜き、いかにして克服するかは世界の普遍的な問題ですが、なぜ我々日本人は詭弁のトリックをなかなか見抜けず、何度もだまされてしまうのかという理由について、日本国内の教育方針や風潮と照らし合わせながら、少し考察してみます。

◆他国と比べて「批判的思考」を学校で教わらない日本人

二〇一九年六月一九日、国際機関である経済協力開発機構（ＯＥＣＤ）は、国際教員指導環境調査（ＴＡＬＩＳ：Teaching and Learning International Survey）の二〇一八年版を公表しました。

これは、OECD加盟各国の学校と教員の環境、学校での指導状況、教員が持つ意識などに関する調査結果をまとめ、多角的に分析した内容の報告書で、さまざまな分野ごとの国際比較が可能なデータが数多く含まれていました。

日本では、二〇一八年二月から三月にかけて、全国の中学校一九六校（校長一九六人、教員三六〇五人）と小学校一九七校（校長一九七人、教員三三六一人）で調査がなされていました。

文部科学省の公式サイトでは、〝TALIS 2018〟の報告内容の要約をPDFで公開していますが、その中に興味深い調査結果が含まれていました。

まず、学校で「児童生徒の批判的思考を促す」教育をしているかという問いについて、「非常に良くできている」と「かなりできている」「いくらかできている」「全くできていない」の四択のうち、最初の二つと答えた教員の割合は、参加四八ヵ国の平均では八二・二％でしたが、日本の中学校の校長や教員では二四・五％、小学校では二二・八％という低さでした。

また、生徒に「批判的に考える必要がある課題を与える」という問いへの肯定的な回答は、参加四八ヵ国の平均は六一・〇％でしたが、日本の中学校で一二・六％、小学校では一一・六%でした。どちらの問いでも、日本は参加四八ヵ国中、四七位に大きく離された最下位の数字でした。

前者の「児童生徒の批判的思考を促す」教育については、最も高いポルトガルが九七・九%で、アメリカは八二・三%、上海《シャンハイ》(中国)は八五・二%、韓国は七六・五%、台湾が七〇・四%でした。これらの国々と比較すると、日本の中学校の二四・五%、小学校の二二・八%が、国際的に見て、いかに低い数字であるかがわかります。

英語で「クリティカル・シンキング」と言い表される「批判的思考」とは、物事を鵜呑《うの》みにせず、与えられた説明や解釈が妥当であるか否か、自分の頭を使ってさまざまな角度から検証する思考能力を指す言葉です。

日本では「批判」という言葉は「否定的」と混同して使われることも多いですが、批判的思考は必ずしも対象を否定的に捉える思考ではなく、論理的に問題点の洗い出しを行なうことで、対象の完成度を高めるという肯定的効果が得られる場合もあります。

誰かが何らかの意図を持って、確信犯で詭弁を展開した時、受け手の側に批判的思考の能力があれば、それが詭弁であることに気づきやすくなります。

逆に、批判的思考の能力が弱い人や、最初から批判的思考の能力が欠けている人は、それが詭弁であると気づきにくく、そのまま鵜呑みにしてだまされたり、特定の方向に思考を誘導される可能性も高まります。

日本の小学校や中学校では、生徒の批判的思考力を伸ばす教育を十分にしておらず、そのような教育の重要度や必要性についても、社会で認識されているとは言えません。こうした状況は、詭弁を使う者にとっては理想的な環境です。

大声で断定的に詭弁をまくし立てれば、多くの人がその欺瞞的な意図に気づかないまま操られることになるからです。

◆「批判的思考」より「秩序維持と従順さ」が重視される社会

日本の小学校や中学校で、批判的思考力を育てない理由はいくつか考えられますが、日本社会の側、つまり日本国民の多くが、そうした教育の意義や必要性を正しく理解できておらず、学校にそれを求めていないという事実が大きいように思います。

日本の社会では、大抵の場合、集団に属する一人一人の人間が個人として主体的に物事を考えて行動することよりも、むしろ集団の「秩序」を乱さず、集団内での地位が上の人間の言葉に疑問を抱かずに、黙って服従することが優先されます。

全体行進のように一糸乱れず、全員が同じ歩調で同じ方向を向いて、手や足の動きまで揃えたほうが、集団の秩序が保たれて、よい結果を残せると信じられているからです。教師が生徒の髪や下着の色まで厳しくチェックする「ブラック校則」がいつまでたってもなくならないのも、こうした精神文化のあらわれであると言えます。

しかし、日本はかつて、このような方向性で国全体が一糸乱れず、全員が同じ方向に向かって突進し、大失敗したことがありました。一九三七年の日中戦争勃発から、一九四五年の降伏と敗戦までの、戦争の時代です。

もしあの時、国民の一人一人がきちんと批判的思考の能力を持って、軍部やメディアの説明が妥当かどうかを自分の頭で考えて判断し、行動していたなら、あれほどの死者を内外で出すことなく、戦争を早期に終わらせることができていたかもしれません。

批判的思考の能力は、それほど重大な、国の将来を左右するほどの意味を持ちます。

したがって、日本人が、政治家などの詭弁にだまされない体質に変わるためには、小学校や中学校で批判的思考を促す教育に力を入れることが必要です。

そのような思考は、教師の教え方や態度に生徒が疑問を抱いたり、問題点を指摘することにも繋がるので、それを望まない校長や教師も少なくないかもしれません。ですが、国の将来を危うくしないためには、詭弁が詭弁であることを見抜ける「健全な批判的思考の能力」を高めることが不可欠です。

また、先に述べた「秩序」との兼ね合いで言うと、日本の社会や集団では、内部の序列で自分より地位が高いとされる人間（学校なら教師や先輩、会社なら社長や上司）が詭弁を口にした時、それを「詭弁だ」と指摘するには並外れた勇気が必要になります。

詭弁を指摘することは、人間関係で波風を立てないことが理想とされる「秩序」を乱すことになるだけでなく、詭弁を口にした人間や、それに従う多くの人間を「敵に回す」という展開にもなりかねないからです。

◆政治権力者との間で「波風を立てない秩序」を維持する日本のメディア

たびたび指摘してきたように、日本の報道メディアは、政治権力者らの語る詭弁に対して弱腰で、時には自らも詭弁を使って不都合な事態を乗り切ることもありました。

本来のジャーナリズムは、政治権力者が詭弁を口にした時、それが詭弁であることを論理的に人々に伝える役割を担っています。そんな「監視人」のようなジャーナリズムが存在するのが、成熟した本物の民主主義国であり、権力者と報道記者の間に健全な緊張感がある状況下では、権力者はうかつに詭弁を口にできません。

ところが、日本のメディアではある時期から、政治権力者との間で「波風を立てない秩序」を維持することが優先され、詭弁を指摘して権力者と対立することを嫌う風潮ができてしまいました。権力者の言葉が詭弁であることを立証する作業の社会的意義や公益性は理解されず、それに気づかないふりをして、詭弁をそのまま記事にしたりニュースで読み上げたりする光景が日常化しました。

このような社会的状況は、日本が民主主義国でありたいのなら、決して望ましいものではありません。詭弁を見抜くための批判的思考は、社会の倫理的崩壊（モラルハザード）を回避するためにも必要な能力であり、それを備えた国民を一人でも多く増やすことは、長いスパンで見て、公益に寄与する作業になります。

詭弁がウイルスなら、それを詭弁と見抜く批判的思考はワクチンのような存在です。

今後も油断せず、社会に漂う詭弁に目を光らせていきましょう。

第二部

人間の思考を狂わせる「詭弁というウイルス」

《1》そもそも詭弁とはなにか

詭弁とはなにか。

一見もっともらしいが、実は論理的に正しくない主張や説明を指す言葉です。意図的に、論理的に正しくない主張や説明で人をだまそうとする場合に使われます。それが意図的ではない場合には、「誤謬」という言葉が使われます（後述）。

本書の「はじめに」で、『広辞苑』第七版で示された「詭弁」という言葉の意味をご紹介しましたが、ここに記された「命題や推理に関する論理的操作によって生ずる、一見もっともらしい推論（ないしはその結論）で、何らかの誤謬を含むと疑われるもの。相手をあざむいたり、困らせる議論の中で使われる」という説明以外にも、詭弁とは何かについての説明はいくつか考えられます。

例えば、自分の非や責任を追及された者が、説明から逃げるために口先で言葉を転がして弄する言い逃れの屁理屈。

あるいは、いったん始めたプロジェクトがさまざまな理由から失敗に終わりそうだと判明してもなお、自分の面子《メンツ》や何らかの利害関係を守るために強行しようとする指導者が、それを正当化するためにひねり出す、厚顔無恥な方便。

これらに共通するのは、議論や意見交換を有意義なものにしようという誠実さがなく、むしろ議論の枠組みを解体して相手を自分の意に沿う結論に誘導しようという、利己的でよこしまな意図が隠されていることです。

こうした詭弁は、あたかも感染力の高い「ウイルス」のように、社会のあらゆる場面で発生し、伝播《でんぱ》するもので、読者も今までいろんな形式の詭弁と遭遇してきたのではないかと思います。それで、すっかり詭弁に慣れてしまって、世の中とはそういうものだと割り切っている人も少なくないかもしれません。

ですが、そんな「詭弁への慣れ」はとても危険です。

なぜなら、人間社会を健全に営む前提となるのが、話し合いや議論である以上、そこで交わされる言葉のやりとりを不純にしたり、無意味なものにする詭弁をそのまま放置すれば、やがて社会が詭弁まみれになり、きわめて不健全な社会が出来上がるからです。

◆「争いや揉め事は、話し合いで解決」を成立させなくする詭弁

我々は子どもの頃から「争いや揉め事は、話し合いで解決しましょう」と教えられてき

ました。これは、物事を解決する原則としては正しいことだと思います。

けれども、この原則が成立するのは、自分と相手の双方が、論理的に誠実な態度をとり続ける場合に限られることに注意する必要があります。

一方または双方が、論理的に不誠実な態度をとることを選べば、話し合いは時間と労力の無駄になるだけでなく、その争いや揉め事についての認識を歪める「虚像」を創り出す結果になりかねないからです。

これが個人的な関係に留まる話であれば、最悪の場合でも関係の途絶、つまり「絶交」という話で済みますが、国の政策や国家プロジェクトの議論において、主導的立場にある側が論理的に不誠実な態度をとることを選べば、政策やプロジェクトが失敗し、関係者のみならず国民全体にも不利益を及ぼす可能性があります。

こうなると、政治家や財界人などの「権力を持つ者」の詭弁を安易に傍観することは、自分たちの将来に大きなマイナス効果を及ぼす結果をもたらします。

ただ、民主主義がある程度成熟した国では、国の政策や国家プロジェクトの議論で主導的立場にある側が詭弁を濫用できないよう、一定の抑止力が働いているようです。

その理由は、第三者的立場で議論を監視しているジャーナリズムが、主導的立場にある側のウソや詭弁を鋭く見抜いて報道で指摘し、市民に警鐘を鳴らすからです。

一例を挙げると、二〇一七年六月二五日付の米ニューヨーク・タイムズ紙は、「トランプのウソ（Trump's Lies）」と題した記事を掲載しました。それによると、アメリカのドナルド・トランプ前大統領は、同年一月二〇日から六月二一日までの一五三日間に、ツイッターで一〇〇個ものウソ（事実に反する内容）を「事実であるかのように」投稿していました。

しかし、日本の新聞やテレビは、自民党の現職首相や現職大臣が国会やその他の場所で明らかなウソをついても、ニューヨーク・タイムズ紙のように「ウソをついた」とはっきり指摘して批判する仕事を全然やっていません。

首相や大臣が目の前であからさまなウソをついた時、日本の大手メディアは、それをウソだと指摘せずにそのまま「事実であるかのように」記事にして報じます。

二〇二〇年一二月、NHKを含む各メディアは、衆議院調査局の調査結果として、「桜を見る会」の前日夜に開催された懇親会をめぐって安倍「前総理大臣」が国会で行なった答弁のうち、報道で明らかになった検察の捜査に関する情報と食い違う答弁が、少なくとも一一八回あったと報じました。

ここで注意すべきは、安倍晋三は同年九月一六日に総理大臣を辞任しており、この衆議院調査局の調査結果に基づく報道がなされたのは、彼が一国会議員になってからだという事実です。言い換えれば、これらの一〇〇回を超える「安倍首相の国会でのウソ答弁」について、日本の主要メディア（新聞とテレビ）の政治報道は、即座にウソだと気付くものが数多くあったはずなのに、リアルタイムで「ウソだ」と明確に指摘していませんでした。

政治家の明白なウソに対してすら、これほど甘い日本のメディアですから、一見もっともらしい形で発せられる詭弁を目ざとく見抜いて即座に批判する、という権力監視の仕事を期待するほうが愚かなのかもしれません。しかし、第一部で個別に列挙した与党政治家の詭弁を、メディアが「それは詭弁だ」と指摘せず（おそらく詭弁だと気づかず）容認してきた結果が、今の国会と日本政治の有様です。

◆詭弁が氾濫して得をするのは「強い立場」の者だけ

第一部の《1》で詳しく説明したように、「強い立場の者」が詭弁を発した時、それを「弱い立場の者」がそのまま受け入れてしまうと、「強い立場」対「弱い立場」という権力の上下関係が固定化されるという、危険な心理的効果が発生します。

つまり、詭弁とは「強い立場の者」が今後も永続的に「強い立場」で居続けることを既成事実化する、非常に強力な権力システムの「武器」として機能するのです。

与党の首相対野党議員や、政府対国民という遠い場所の話でなく、身の回りの事例を見ても、詭弁で相手をねじ伏せる、あるいは自分に向けられた批判や非難を詭弁ではぐらかすような傲慢な態度をとっているのは、ほぼ例外なく「強い立場の者」です。

かつて、社会のシステムが野蛮だった頃は、「強い立場の者」が「弱い立場の者」に対してやりたい放題で、前者が後者を奴隷として酷使するような時代もありました。

その後、理不尽な社会構造に対する抵抗が高まると、「強い立場の者」が過剰な力を持つことを許すべきではないとの考えから、権力を縛る枠組みとしての「憲法」や「議会」などの制度が生まれました。

各国の議会では、昔も今も、私利私欲や政治的野心のために詭弁を弄する者が絶えませんが、国民が論理的な思考力を鍛えて詭弁を見抜くことができれば、詭弁に基づく政策やプロジェクトが問題を内包したまま進行することを、一定のレベルで抑制できます。

本当なら、政治報道に関わる「プロ」の記者が、政治家のよく使う詭弁について構造を読み解き、国民がだまされにくくなるよう警鐘を鳴らすべきですが、最近の政治記者は、取材対象の政治家と良好な関係を築いて「本音を聞き出す」などの名目で、実質的に政治家と互助関係を構築してしまっているので、政治家の詭弁を詭弁だと明確に教えてくれる政治記者や報道記事には、なかなかお目に掛かることができません。

これは、一般国民にとっては非常に危険な状態だと言えます。

詭弁とは、端的に言えば「議論のルール違反」であり、本来なら審判が即座に笛を吹いて「ファウル」と宣告し、あまりに悪質ならレッドカードを出して「退場」を要求すべきものです。「強い立場の者」がさらに有利になるようなルール違反を、審判が見逃して放置すれば、もはや試合が成立しないほどの不公平や理不尽が、競技場を覆い尽くします。

今の日本の国会は、まさにこういう状態ではないでしょうか。

《2》論理的に誠実な議論を台無しにしてしまう詭弁術

民主主義の政治体制は、議会（国政では国会）で議員が行なう議論によって政策の妥当性を検証・評価し、その是非を決めていく仕組みです。

そこでは当然のことながら、議論に参加する議員が、論理的に誠実な態度をとることが前提となります。政策の妥当性を正しく検証・評価するためには、賛成の側も反対の側も、論理的に筋の通った主張をしなくてはなりません。

そうでなければ、議論する意味がなくなってしまうからです。ただ「議論した」というアリバイが作られるだけです。

日本国の最高議会である国会では、残念ながら一〇年以上も、こうした前提が失われているようです。第一部で具体例をいくつも挙げて論証したように、二〇一二年一二月の第二次安倍政権発足以降の自民党政権は、国会から「論理的な議論で政策の妥当性を正しく検証・評価する場」という機能を失わせ、詭弁とはぐらかしで無為に時間を浪費して、ただ「議論した」というアリバイを作る茶番劇の舞台へと変えてしまいました。

こんなことが一〇年も続いていれば、国民の多くはそんな状態に慣れてしまい、違和感を覚えず、そんなものかとあきらめるようになります。若い世代だと、この状態しか知らずに大人になるので、ますます何が問題なのか理解できず、おかしいと声を上げる年長者を「なぜか文句ばかり言っている変な人」のように感じるかもしれません。

ですが、これがどれほど危険なことか、工場をイメージすればわかると思います。

工場の中で発生している機械のトラブルや、施設の老朽化による水漏れなどの問題について、対策会議を行なったとします。現場の作業員は、操業中に生じる機械の動作不良で自分たちが危険な目に遭《あ》っていると訴え、排水の不具合で漏れ出た水が電気の配線にかかりそうになっていると指摘します。

しかし、コスト削減という方針に固執する経営者は、余計な出費を避けるために、作業員からの論理的な指摘に対して誠実な対応をせず、不誠実な詭弁ではぐらかします。

もし経営者が、この段階で誠実に対応していれば、大きな事故が発生するのを未然に回避できるかもしれません。しかし、誠実に対応せずに詭弁ではぐらかして、ただ「議論した」というアリバイを作るだけで対策会議を終わらせたなら、いずれ作業員が怪我をしたり命を落としたりする深刻な大事故が起きる可能性が高まります。

◆詭弁使いがよく使う「断言」

国会での審議も同様で、野党議員が行なう問題点の指摘とは、その政策が内包する問題点によって国民に何らかの実害が生じる可能性を未然に取り除こうとする行為です。

与党対野党という単純な「二項対立」の図式に当てはめて報じられる国会審議のニュースを見ていると、国会での審議を「敵と味方の戦い」のように理解してしまいそうになります。しかし、実際はそうではなく、国民に害が生じることを避けたり、国民にとって今より望ましい形へと法案内容を修正するために行なわれる「対策会議」の一形態です。

そんな風に考えると、国会の審議内容に興味が湧く人が増えるかもしれませんし、国会で詭弁という汚いトリックを使うことがいかに罪深い行ないかも、理解できるはずです。

受け手の思考を間違った方向へと誘導するために詭弁をよく使う、政治家やテレビのコメンテーターを観察すると、彼らは詭弁を口にする際、自信満々にそれを「断言」していることに気づきます。

控え目な姿勢でおずおずと詭弁を語る人も、いないわけではありませんが、多くの詭弁使いは、それが論理のまやかしであることを見抜かれにくくするためか、口調や態度で相手を威圧するようにして断言します。

有無を言わさぬような勢いで断言されると、言われた側は冷静に落ち着いて対応する余裕を失い、相手が語る言葉が実は詭弁ではないかと、冷静に検証できなくなります。

フランスの社会心理学者ギュスターヴ・ル・ボンは、名著『群衆心理』（一八九五年）の中で、個人としての意識的個性を喪失した人々＝「群衆」を、特定の方向に従わせる手段としての断言の効用について、次のように説明していました。

「およそ推理や論証をまぬかれた無条件的な断言こそ、群衆の精神にある思想を沁みこませる確実な手段となる。断言は、証拠や論証を伴わない、簡潔なものであればあるほど、ますます威力を持つ」（櫻井成夫訳、講談社学術文庫）

ル・ボンは、断言の内容を群衆の心に植え付ける上で、反復＝繰り返しという手段が有効であるとも指摘しました。

「断言は、たえず、しかもできるだけ同じ言葉でくりかえされなければ、実際の影響力を持てないのである。（略）断言された事柄は、反復によって、人々の頭のなかに固定して、遂にはあたかも論証ずみの真理のように、承認されるにいたるのである」（同前）

この反復＝繰り返しという手段は、詭弁の内容を人々の心に植え付けて、それがごく当たり前の意見だと信じ込ませるためにも用いられます。

◆勢いで相手を納得させてしまう詐欺師の手法

もうお気づきの方もおられるかと思いますが、これらは詐欺師がよく使う手です。

詐欺師が人をだます時、さまざまな形で相手の心理を動揺させ、普段と同じような思考ができないように仕向けます。口調を使い分けて相手を不安に陥れたり安心させたり、あるいは特定の考え方に従うことが当然であるかのように錯覚させたりします。

この「特定の考え方に従うことが当然であるかのように錯覚させる」効果を持つのが、慌ただしく行なわれる、断言の反復というテクニックです。

誰かに「○○はAなんです」という決めつけを聞かされた時、平常心を保った状態なら「本当かな？」「○○はAという場合が多いとしても、時にはBの場合もあるのでは？」などと、疑問を差し挟む心理的余裕を持つことができますが、「○○はAだ！　そんなこと当たり前だよね！　これがわからないやつは、頭がおかしい！」などと勢いよく断言されると、心理的な主導権を一瞬のうちに相手に握られてしまい、そうではない場合もあるかも、と思っても口に出せなくなります。

現実の物事は、そう簡単にAだ、Bだと断言できるものではなく、さまざまな側面を持つ多面体として理解すべきものです。「こういう方向から見ればAだと言えるが、別の方向から見るとBであるとも言える」という風に。

しかし、詭弁使いや詐欺師はこうした理性的な思考を相手に許さず、断言の反復を多用することで相手の視線を一方向に限定します。

物事を冷静に考えるためには、時間的な余裕も必要ですが、詭弁使いや詐欺師は、相手にそんな時間的余裕を与えないよう、判断を急《せ》かすような言葉をよく用います。

例えば「○○を今、決断しなくてはならない、待ったなしだ！」などです。

詭弁をよく使う政治家やコメンテーターは、自分の意に沿う方向へと相手を追い立てるために、この「待ったなし」という言葉を、口癖のように多用します。その言葉を使えば気弱な相手を簡単に誘導できることを、経験によって学習しているからです。

このような連中に対して、自分を失わずに対処するためには、彼らがテクニックとして使う断言や急き立てという策にはまらず、悠然と構えるのが有効になります。

詭弁と断言で他人を威圧してコントロール下に置こうとする人間は、相手を自分のペースに同調させようとしますが、こちらがその術中にはまらず、敢えて脇道に逸れるような話をすれば、彼らは調子を崩して、心理的な主導権を握ることができなくなります。

わざと「ばか」のふりをして頓珍漢《とんちんかん》な返答をする、というのも、意外と有効です。

詐欺電話の代表とも言える「オレオレ詐欺（特殊詐欺）」の場合も、こいつは怪しいと思ったら、関係があるようで実はない話をこちらから始めて、相手の反応を確かめるのも一策でしょう。そうすれば、息子を名乗って電話してきた相手が「本当の息子」なのか、そうでないのかも、簡単に判別できたりします。

以上のように、詭弁にだまされないようにする技法には、詐欺師にだまされないようにする技法と共通する面もあります。つまり、詭弁使いは、詐欺師と同類の人間なのです。

《3》よくある詭弁のパターン1：間違った定義から話を始める

社会に氾濫する詭弁を見抜いてだまされないようにするためには、あらかじめ「よくある詭弁のパターン」を知っておくことが有効です。

そうすれば、何か変だなと感じる話を見聞きした時に「これはあのパターンと同じタイプの詭弁だ」と気づくことができるからです。

論理学の世界で「詭弁」と見なされているパターンは数多く存在しますが、日本の一般社会で「よくある詭弁のパターン」の一つは、「間違った定義から話を始める」という論法です。最初の入り口で、一見もっともらしい詭弁が使われますが、それに気づかずにいると、最後までずっと詭弁にだまされたままの状態となってしまいます。

例えば、「推定無罪」という言葉。

これを、総理大臣の不正疑惑に対する批判を打ち消すために使う人がいます。

「犯罪を立証する証拠はあるのか？　ないなら推定無罪の原則で首相は潔白だ」と。

これを読んで、どこがおかしいか気づきましたか？

いわゆる「推定無罪」とは、犯罪容疑者に対する基本原則として使われる言葉です。

刑事裁判で被告としての有罪が確定するまでは、「推定無罪」の原則に則り、容疑者を犯罪者のように扱ってはならない。これは「無罪の推定」の原則とも呼ばれます。

では、総理大臣の不正疑惑についてこの言葉を使うことは正しいのか？

◆公人に課せられた「不正がないことを立証する義務」

結論から言えば、総理大臣の不正疑惑について「推定無罪」の原則を持ち出して批判を封じる論法は、一見もっともらしいですが、詭弁です。

なぜなら、首相などの政治家は公人であり、公金の不正使用や私物化などの疑念を持たれないように、公的記録で潔白を証明する義務を負っているからです。

一般の犯罪容疑の場合、「犯罪の証拠が認められて裁判で有罪になった場合」以外は、たとえ「犯罪の疑い」が濃厚でも、「推定無罪」の原則に基づいて「無罪」として扱われます。「潔白」だけでなく「グレーゾーン」も「無罪」と見なされます。

しかし、総理大臣などの政治家が、その職を続ける道義的な資格を有するかどうかについては、これとは違う判断基準を適用する必要があります。

政治家を含む公的役職者は、公金を扱ったり、人々の生活に大きな影響を及ぼす決定を下す権力を有しています。なので、それらの職務を公正に執り行なっていることを証明するために「公的な記録」を残すことが、民主主義の国では義務づけられています。

例えば、公金を用いて総理大臣主催の「桜を見る会」を催す場合、公金支出が適正であることを示す「公的な記録」を公開して、不正がないことを証明しなくてはなりません。具体的には、どのような基準で誰を招待したのか、当日の飲食費は誰が負担し、酒や料理を提供する業者との間でいかなる「金銭のやりとり」があったのかという記録です。

こうした「公的記録による潔白の証明」は、われわれの身近にある自治会の会長や役員も普通に行なっていることです。会計担当者が金銭の出納を記録し、不正が疑われた時にはそれを公開して「そこに不正がないこと」を証明する、というのが基本です。

総理大臣主催の「桜を見る会」には、公金が使われているのに、総理大臣の後援会メンバーや親しい友人ばかり招待されているのではないか？　あるいは、その前夜祭で総理大臣が招待客に飲食を提供して「供応接待」したのではないか？　などの疑惑が国民から提示された時、総理大臣は「そこに不正がないこと」を証明する義務を負います。

その証明に使われるのが、公的な記録ですが、そこには酒や料理を提供する業者との間で交わされた「金銭のやりとり」についての領収書や明細書なども含まれます。

もし、総理大臣がこれらの公的記録を提示することを拒《こば》み、公金を支出した行事で「そこに不正がないこと」を自ら証明しなかった場合、たとえ「犯罪が立証されなかった」としても、その者は道義的に、総理大臣を続ける資格を失います。

総理大臣とは公的役職者であり、「犯罪として有罪かどうか」とは別に「その者が公的役職者を続ける資格があるかどうか」という尺度でも評価されるからです。

◆「グレーゾーン」なら総理大臣などの公人は「推定失格」

その者が公的役職者を続ける資格があるかどうか、というのは、犯罪として立件されて有罪判決を受けたかどうかとは、イコールではありません。

この辺りを誤解あるいは錯覚している人が多いかもしれませんが、たとえ犯罪として有罪にならなかった場合でも、公金を支出した行事で「そこに不正がないこと」を自ら証明できなかった者は、総理大臣などの公的役職を続ける資格を失います。

つまり、辞任して別の者にその公的役職を譲らなくてはなりません。

一般市民としての普通の生活はできますが、公的役職を続ける資格はなくなります。

もし、犯罪として立件されて有罪判決を受けたかどうかだけで「その者が公的役職者を続ける資格があるかどうか」を判断するなら、権力を持つ公的役職者は事実上「不正なことをやり放題」になってしまいます。

なぜなら、権力を持つ公的役職者は、その権力を悪用して「不正の証拠を隠滅できる」からです。総理大臣は、手下に命じて関係書類を勝手にシュレッダーにかけてこの世から消し去ったり、関係者に圧力をかけて事実関係の記憶を「忘れたこと」にさせたりする力を持っています。証拠を隠滅すれば、訴追される心配もなくなります。

あるはずの公的記録を国民に提示せずに「無い」と言う。それによって、公金の支出がどのように行なわれたか、どんな基準で誰が招待されたのかもウヤムヤにできる。実際に何が行なわれたのかを誰も確認できない「グレーゾーン」に逃げ込む。

そんな人間が、総理大臣などの公的役職を続けていいわけがありません。

ここで注意すべきは、一般の犯罪容疑における「グレーゾーン」と、公的役職者の職責における「グレーゾーン」は、まったく別の次元の話だということです。

一般の犯罪容疑における「グレーゾーン」は、前記したように「推定無罪」の対象となります。けれども、総理大臣が公的記録で自らの潔白を証明できなかった、あるいは意図的にしなかった結果としての「グレーゾーン」なら、その総理大臣は「公的役職を続ける資格」という意味で「推定失格」となります。

つまり、不正疑惑の「有罪」を立証できなかったら「推定無罪」の原則が適用されて、このまま総理大臣を続けてもよい、という前記した主張は、「公的役職を続ける資格」という観点が完全に抜け落ちた、あるいは意図的に切り取った、たちの悪い詭弁です。

問題は、政治報道を行なうメディアの記者たちも、こうした詭弁にだまされて、不正疑惑の「有罪」を立証できなかったら「このまま総理大臣を続けてもよい」と思い込んでいる様子であることです。本当なら、彼らは日々の取材や会見で厳しく不正疑惑を追及し、総理大臣が不正疑惑をはっきりと否定する証拠（公的記録）を出さなかったら「総理大臣を続ける資格はない」と批判しないといけないはずです。

行政府が税金や公金で催す行事に関連して、公的記録を作成する理由はいくつかありますが、特に重要なのは、行事の開催前あるいは開催後に不正の疑いを提起された際に「不正はなかった」ことを国民に証明する材料とすることです。他の民主主義国では、軍事機密や外交機密など一部の例外を除き、ほとんどの公文書は主権者である国民に公開され、公的役職者は「不正をしていないか」という監視の目に晒《さら》され続けます。

総理大臣などの公的役職者の不正疑惑について「犯罪を立証する証拠がないなら、推定無罪の原則で首相は潔白だ」という主張は、典型的な「間違った定義から話を始める」形の詭弁であり、うっかりその「入り口」から思考を開始しないよう注意が必要です。

《4》よくある詭弁のパターン2：論理的思考と情緒的思考のすり替え

もう一つ、日本社会で「よくある詭弁のパターン」の一つは、論理的思考と情緒的思考を意図的にすり替えるやり方です。

例えば、あなたはこんなフレーズを目にしたことはないでしょうか。

「戦後の日本があるのは、あの戦争で戦ってくれた日本軍人のおかげ」
「我が身を犠牲にした特攻隊員のおかげで、戦後日本の平和と繁栄がある」

一見するともっともらしく、また戦没軍人に対して善意で感謝するような雰囲気があるので、何かおかしいと思ってもなかなか反論しづらい「空気」が醸成されます。

けれども、歴史的事実に照らして言えば、これらの言説は紛れもなく詭弁です。

事実に基づいて経過を述べると、戦後日本の平和と繁栄は、大日本帝国の政治体制が一九四五年夏の敗戦で崩壊し、戦勝国のＧＨＱ（連合国最高司令官総司令部）の七年間にわたる占領統治を経て、戦前や戦中とは正反対の、民主主義の価値観に基づく日本国として生まれ変わり、国民が軍備でなく経済発展に力を入れて努力したからでした。

つまり、日本軍人が戦ったからそうなったのではなかったのです。

当時の状況から考えて「仕方ないこと」だったとはいえ、先の戦争で戦った日本軍人たちは、戦後の日本を民主主義の国にするためでなく、天皇を頂点とする当時の大日本帝国の政治体制や、「天皇のために国民が犠牲になるのは当然だ」という精神文化（その象徴が

「教育勅語」）を守ることを目指して戦いました。そして、日本は敗北しました。

つまり、日本軍人が目指した「勝利」とは正反対の「大日本帝国の完全な敗北」という結果で戦争が終結したことで、結果的に「戦後日本の平和と繁栄が成し遂げられた」というのが、亡くなった軍人には酷な話ですが、現実の歴史的経過でした。

このように、戦後日本の平和と繁栄が達成された理由という話は、歴史的事実に基づく論理的思考でなされるべきものです。

ところが、「国を守る」という大義を信じて戦った日本軍人を持ち出すことで、戦後日本の平和と繁栄は「日本軍人が我が身を犠牲にして戦い、敵の侵略から何かを守ることに成功した結果」であるかのような「イメージ」を語り、論理的思考ではなく情緒的思考に話をすり替える詭弁を、意図的に社会に広める人たちがいます。

彼らがなぜ、そんな行動をとるのかについては、第三部で詳しく説明しますが、そうした人々は、先の戦争が「正しかった」、「侵略ではなかった」という政治的主張を人々に信じさせるために、論理的思考を情緒的思考にすり替える詭弁をよく使います。

先に例として挙げた「日本軍人や特攻隊員のおかげ」という言葉には、一見すると、ある種の「謙虚さ」があるようにも見えます。そして、実際の日本軍の戦争がどのようなものであったかという歴史的事実を断片的にしか知らなければ、こうした言葉に違和感を覚えることなく、日本軍人や特攻隊員への感謝という考え方に引き込まれます。

ですが、こうした情緒的思考には、きわめて危険な側面があることに注意すべきです。なぜなら、情緒的思考のエスカレートこそが、軍人の死を美化礼賛する風潮を生み出し、先の戦争で多くの日本軍人から「生き延びる道」を奪い取り、「国のために死ぬ」という大義名分での「崇高な死」へと、大勢の若者を追いやる結果となったからです。

自分は心優しい善人でありたいと思う人は、情緒的な思考や概念に総じて無防備で、美しい響きを持つ言葉を素直に受け取って胸に抱いてしまいます。ですが、そんな「心の無防備さ」は、詭弁が入り込む「隙」にもなり得ることに留意しなくてはなりません。

◆論理的思考は「冷たく」、情緒的思考は「温かい」と見なす風潮

先の戦争における特攻隊員を含む日本軍人の死と「戦後日本の平和と繁栄」について考える時、われわれは敢えて情緒的思考から距離をとり、ドライに物事を捉える論理的思考で現実と向き合うべきだと考えます。

戦争中の大日本帝国時代に日本社会を支配した「過剰なほどの情緒的思考」こそが、飛

行機や艦船による体当たり攻撃という異様な戦法（特攻＝特別攻撃）を生み出し、軍人の死者をむやみに増やした大きな原因の一つだと考えられるからです。

飛行機を使った体当たり攻撃が「神風《しんぷう》特別攻撃隊（特攻隊）」の名称で組織的に始められたのは、アジア太平洋戦争の戦況が日本軍の劣勢へと大きく傾いていた、一九四四年一〇月二五日でした。しかし当時の新聞を読んでみると、この組織的特攻が始まる前から、飛行機の「体当たり攻撃」を情緒的に美化礼賛する記事が書かれており、あたかもそうすることが「軍人としての崇高な行ない」であるかのようなムードが作られていました。

特攻という体当たり攻撃の実行に当たっては、その成功率や損害比率などの科学的データは重視されず、敵艦への体当たりという行動をもって「天皇陛下のために命を捧げる」という情緒的な大義が重視されました。最初のうちは、戦果を確認するための戦闘機が、特攻隊の編隊に随行していましたが、戦争末期になるとパイロットと機体の不足から、戦果確認の戦闘機は飛ばされなくなりました。

つまり、実際に特攻が「敵艦への損害」という成果を挙げているのかどうか、誰も確認していない状態で、特攻隊員はほとんど機械的に、「情緒的で勇ましい美辞麗句」に見送られて出撃し、空のかなたへと消えていきました。

こうした事例が示す通り、情緒的思考とは一見すると「温かい」ようで、実はきわめて冷酷な結果をもたらすことも多々あるのです。

特攻隊の問題を語る際、若くして悲劇的な最期を遂げた特攻隊員に寄り添い、彼らの死に「意味があった」ということにしてあげることが「優しさ」だという、情緒的思考だけで話を完結させる言説をしばしば見かけます。

ですが、生き残った元特攻隊員や出撃基地の関係者が残した手記や証言を見ると、現実の特攻隊が置かれた境遇は、そうした情緒的思考の「温かさ」とは無縁の、人の命を軽んじる冷酷非情な「冷たい」ものであったことがわかります。

表向きは「各パイロットの志願」という形式にされた特攻ですが、実際には部隊の指揮官が勝手に決めたり、周囲の同調圧力で「嫌だと言えない空気」に呑まれて「志願を強いられた」場合も少なくありませんでした。中には「意思を問えば、わが隊員は全員が志願するだろうだから、全員が志願したことにする」という、おそろしい部隊長もいました。

夕食を食べる前に、部隊長から翌日の特攻出撃を命じられた部隊の隊員たちは、顔面蒼白となり、誰も食事に手を付けることができなくなったり、特攻の出撃前に家族と過ごして布団の中で号泣した隊員もいたと、元隊員やその家族が書き残しています。

◆「詭弁」と「誤謬」の違い

こんな形で特攻出撃を強いられ、孤独の中で敵の軍艦への体当たりを試みて途中で撃墜されて海に沈んだ若者や、当時の価値観に基づいて言えば「幸運にも」敵の対空砲火をくぐり抜けて敵艦への体当たりに「成功」して死んだ若者たちは、戦後の日本社会で自分たちの死をどんな風に理解してほしいと思うでしょうか。

彼らの悲劇的な死を、情緒的な詭弁で美化礼賛し、あの戦争が「正しかった」とか「侵略ではなかった」という政治的主張の宣伝に利用する行為は、亡くなった日本軍人に寄り添うどころか、その正反対ではないか。論理的に考えると、そう思わざるを得ません。

特攻隊員を含む戦没軍人の話で、論理的思考と情緒的思考を取り違えてしまうのは、意図的な「詭弁」とは別に、意図しない形でそうなってしまう「誤謬」の場合もあります。

誤謬とは、論理的思考の途中で何らかの理由により、間違った認識を「正しい」と思い込む状態を指す言葉です。

意図的にそうしているわけではないので、間違った認識を「正しい」と思い込んでいること自体は、あまり強く批判すべきではないのかもしれません。ただ、たとえ意図的な詭弁ではない誤謬だったとしても、ある特定の「思い込み」に囚われた人たちが集団で他人を攻撃するようになったら、もはや放置しておくことはできなくなります。

そうした行動をとる人に話しかけて、何らかの形で誤謬を解く必要が生じます。

例えば、特攻隊員の犠牲は、戦後日本の平和と繁栄には特に寄与しなかった、と事実に基づいて説明すると、「特攻隊員が犠牲になったおかげで戦後日本の平和と繁栄がある」という誤謬に囚われた人たちが、集団で「お前は国のために死んだ特攻隊員を冒瀆《ぼうとく》するのか」と攻撃的な言葉を浴びせてくることがあります。

この「冒瀆」という言葉は、宗教的な崇拝の対象を汚されたり貶められたりする行為に対して、信者が怒りの感情を込めて使うものです。ですが、歴史的事実に基づいて論理的に事実経過を話すことは、亡くなった軍人を汚したり貶めるものではありません。

それに気づくことができれば、それまで誤謬に囚われていた人たちも、そこから脱する道を見つけられます。間違った認識を「正しい」と思い込む状態から解放され、物事を以前より論理的に捉えることができるようになるかもしれません。

一方、それが歴史的事実に基づかないとわかっていながら、自分の政治的主張を広めるために詭弁を使う人間は、そう簡単に考えを変えることはありません。そのような人から見れば、自分の政治的主張と合致しない歴史的事実を「事実だ」と認めることは、政治的な戦いにおける「敗北」を意味するからです。

つまり、「詭弁派」と「誤謬派」は、一見すると同じような主張をしているかに思えても、その主張に含まれる詭弁を詭弁だと自覚しているか否かという違いがあるのです。

《5》よくある詭弁のパターン3：間違った二項対立と極論への飛躍

日本社会で「よくある詭弁のパターン」の例をもう一つ挙げると、「間違った二項対立と極論への飛躍」も、あちこちで見聞きする詭弁の論法です。

Aという出来事や現象について、こういう問題があると批判すると、論点を「A対Bの二項対立」にすり替えた上で、相手が全然言及していないBという別の出来事や現象に話を膨らませて「じゃあお前はBが正しいと言うのか」などと相手に詰め寄る。

論点は「AとBで、どちらが正しいかという二択」ではなく「Aにはこういう問題がある」という指摘ですが、これを「A対Bの二項対立」にすり替える詭弁の目的は、その指摘を打ち消すことにあります。Aという出来事や現象には、特に問題や批判すべき点はないのだという自分の主張を通すために、問題の指摘を詭弁で無効化するのです。

私は少し前に、SNSである投稿を目にしました。そこには、横断歩道で停止する車に向かって、小学生二人が深々とお辞儀をしている写真と共に「日本人ならではの習慣、微笑ましい〝日常風景〟です」という文が記されていました。

それに違和感を覚えた私は、「車には横断歩道で停まる法的義務があり、車が停まったら子どもは手を挙げて渡るくらいで構わない。いちいちお辞儀する習慣をつけさせるのは間違い」と投稿しました。すると、「じゃあお前は、人に何かしてもらっても感謝しないのか」という類《たぐい》の返信がいくつも寄せられました。

私が書いている「手を挙げて渡る」は、停まってくれた車の運転者に対する軽いお礼の意思表示であり、誰も「感謝しなくてもいい」なんて主張は書いていません。

身体を九〇度近くまで曲げて行なう「深々としたお辞儀」は、相手に何か特別なことをしてもらった時にする「深い感謝の意を示す行動」ですが、横断歩道で車が歩行者のために停車するのは、そうした「特別なこと」には該当しないはずです。なぜなら、それは運転者の「厚意」ではなく、道路交通法で定められた「法的義務」だからです。

ヨーロッパをレンタカーで走ったことのある方ならご存じでしょうが、ドイツやオランダなどでは、横断歩道に人がいたら必ず停まるという決まりが徹底されており、横断歩道の標識が見えたら注意して減速する必要があります。しかし、日本では横断歩道に歩行者がいても、無視して走り抜ける車が多く、歩行者優先という道路交通法の規定を無視する運転者が少なくありません。

そんな状況で、横断歩道で停まった車に子どもが深々とお辞儀することが「日本人ならではの習慣、微笑ましい〝日常風景〟」などと書くのは、停まった車のほうが歩行者よりも「偉い」、あるいは「立場が上」であるかのような錯覚を広める効果を持ちます。

こんな風に、相手の言葉をねじ曲げて「A対Bの二項対立」にすり替えた上で、相手が全然言及していないBという別の話を持ち出して「じゃあお前はBが正しいと言うのか」と「反論」するのは、相手を黙らせる目的でなされる「たちの悪い詭弁」です。

◆相手の主張の論旨をねじ曲げて反論する「わら人形論法」

この、相手が全然言及していない別の話を持ち出して一見もっともらしく反論するやり方は、「わら人形（ストローマン）論法」と呼ばれる詭弁です。

例えば、SNSで「腐敗堕落した政治権力を倒す手段は、選挙だけではありません」と書くと、「ではお前はテロを容認するのか？」という反応が返ってきたりします。

もちろん、そうではありません。

過去の歴史を振り返れば、腐敗堕落した政治権力が選挙以外の「平和的な市民デモ」で倒された事例はいくつもあります。

日本でも有名なのは、一九八六年二月にフィリピンで起こった「ピープルパワー革命」(独裁者フェルディナンド・マルコス大統領の腐敗堕落に嫌気が差した軍高官が離反し、首都マニラで一〇〇万人規模の反マルコスデモが行なわれ、マルコス夫妻は地位を失ってアメリカに亡命)ですが、一九八九年に東欧諸国で連鎖的に起きた民主化革命も、軍や警察と市民の流血の衝突を経て独裁者ニコラエ・チャウシェスク大統領夫妻が処刑されたルーマニアを除き、平和的な民衆デモによって共産主義体制との訣別《けつべつ》が実現しました。

日本でも、自民党の岸信介首相が一九六〇年六月二三日に辞任を表明したのは、日米安保条約改定に反対する国会議事堂周辺での大規模な市民デモの結果であり、選挙で負けて首相を辞任したわけではありません。

前記した「腐敗堕落した政治権力を倒す手段は、選挙だけではありません」という私の投稿は、こうした歴史的事実を踏まえたものですが、相手の主張の論旨をねじ曲げて反論する「わら人形論法」の使い手にかかれば、まったく別の話にすり替わります。

彼らは「ではお前はテロを容認するのだな?」「選挙という民主的な手法を否定して暴力革命で政治が変わることを望むのだな?」などと勝手に極論へと話を飛ばして、あたかも私が非常識で暴力的な主張をしているかのように第三者に印象づけようとします。

相手が全然言及していない別の話を持ち出して恫喝するように反論する「わら人形論法」は、それによって相手を萎縮させ、黙らせるという効果も生み出します。

一見すると正当な反論のように見えて、実は全然違う話にすり替えているという詐術をすぐに見抜くことができなければ、恫喝的な「わら人形論法」に気圧《けお》されて怯み、自分の主張に何か問題があったのかもしれないと萎縮してしまいます。

そうならないためには、常日頃から、社会のあちこちで使われる「わら人形論法」のトリックを見破る習慣をつけておく必要があります。

論旨のねじ曲げと論理の飛躍で構成される「わら人形論法」は、実は小学生の口げんかにもよく見られるパターンです。

口げんかで相手を言い負かすために、相手が言ってもいないことを「言った」かのようにねじ曲げて、それをさらに別の主張に強引に結びつけて声高に糾弾し、相手をやり込める。こういう子ども、小学校の同級生にいませんでしたか?

◆与野党を問わず政治家も使う「間違った二項対立とわら人形論法」

悪質な詭弁術の一種である「間違った二項対立とわら人形論法」は、政治家の発言にもしばしば見られます。権力を握る与党側だけでなく、野党の政治家にも、この種の詭弁を使う人はあちこちに存在します。

二〇二三年一月一日〇時四分、立憲民主党の泉健太《いずみけんた》代表は、X（旧ツイッター）に初詣の挨拶を写真付きで投稿しました。しかし、詣でた神社が大日本帝国時代の軍人で「軍神」として崇められる乃木希典《のぎまれすけ》を祀《まつ》った「乃木神社」だったため、SNSでは大きな批判の声が上がりました（後述）。

私も、同日の午後三時四七分に、次のような批判的内容を投稿しました。

「この投稿、1月1日の0時4分。つまり泉健太氏は『年が明ける瞬間』に大日本帝国時代の精神文化を継承する『乃木神社』にいた。立憲民主党に『日本国憲法に基づく立憲主義の回復』を期待する人は当然批判する。それに対する言葉が『何だか息苦しいですね』。この人確信犯ですよ」

すると、泉代表は私の投稿を引用する形で新たな投稿を行ないました。

「年初の投稿は確かに乃木神社でした。しかし、それだけで軍国主義者なのですか？　確信犯だ、も意味不明です。私は平和主義者だし、どこで参拝しても、日常や先人への感謝、決意の報告、平和や不戦の誓い。《ママ》などであり、特定の祭神《さいじん》にも心酔していません。それでも私は確信犯の軍国主義者なのですか？」

先の投稿を読まれればおわかりの通り、私は「軍国主義者」という言葉を一度も使っていません。しかし、彼はまず論点を「平和主義者か、軍国主義者か」という「間違った二項対立」に誘導した上で、私があたかも彼を軍国主義者と表現したかのような「わら人形論法」を使って反論しています。

私は、泉代表への返信で「相手が書いてもいないことを書いたかのように事実をねじ曲げた上で、その虚構に反論する詭弁を『わら人形論法』といいます」と指摘し、別の投稿で改めて意図を説明しました。

「私が貴方の『正月乃木神社参拝アピール』を批判しているのは、貴方が現職の野党第一党代表だからです。長い自民党政権時代を含めて戦後日本が堅持してきた『専守防衛』の国是が国会審議も経ずに放棄される最中、野党第一党代表がそこを訪れるのは『軍事国家路線追認』と解釈されても仕方ない」

泉代表の乃木神社参拝に対する批判は、他の人からもなされたことから、同年一月一一日付の東京新聞で記事になりました。この記事では、私が電話で受けたインタビューの内容も一部掲載されましたが、私は岸田首相が二〇二二年一二月一六日に閣議決定した「敵基地攻撃能力（反撃能力）の保有や防衛費の大幅増を認める安保関連3文書の改定」を踏まえた上で、泉代表の乃木神社初詣を批判した理由について、こう説明しました。

「相手国の領土に撃ち込めるミサイルの保有は攻撃も選択肢に入れた防衛政策であり、専守防衛の逸脱だ。こうした問題が持ち上がっている最中の乃木神社参拝は、岸田政権の軍備増強への追従とも受け取れる。日本が戦争へ向かうのを止める覚悟があるのか、疑われても仕方ない」

政治家が、国民からの批判に耳を傾けず、一片たりとも自分の非を認めずに居直りのような自己正当化を図るという光景は、この一〇年だけでも見飽きるほど見せられてきました。しかし、相手が言及していないことを持ち出して「わら人形論法」の詭弁で反論するのは、与野党を問わず、国会議員としての資質を問われる不誠実な行為です。

第一部でもたくさん実例を挙げて検証しましたが、主権者である国民からの論理的な批判に対して、誠実な論理で答えることをせず、自己正当化のために詭弁を使う政治家は、その行為を通じて国民を馬鹿にしていると言えます。

そんな政治家がこれ以上増えないようにするためにも、国民は政治家の詭弁に対して敏感に反応し、詭弁だと気づいたら遠慮なく批判する必要があるでしょう。

第三部

過去の歴史と現代の歴史認識に見られる詭弁

《1》日中戦争期と太平洋戦争期の政府発表に見られた詭弁

第一部と第二部で、詭弁という不誠実な言葉の使い方にどんな問題が存在するのかを、さまざまな角度から検証してきました。

では、詭弁の拡大を国民や社会が放置してエスカレートさせ続けたなら、我々の先にどんな未来が待っているのか。

私は超能力者ではないので、未来に何が起きるかを断定口調で「予言」することはできません。けれども、過去に起きた類似の事例、つまり歴史に目を向けることで、一定の根拠を伴う形で未来の可能性を「予測」することはできます。

予測は、あくまで「起こりうる可能性の一つ」でしかないので、あれこれと理由をつけて否定することは簡単ですが、一定の蓋然性《がいぜん》（起こりうる確率）を持つ未来の想定を理性的な思考と組み合わせれば、大きな災厄を事前に回避できることもあります。

ここでは、詭弁が国家レベルでエスカレートした歴史的事例として、一九三七年七月に始まった日中戦争と、一九四一年一二月に勃発したアジア太平洋戦争を例にとり、そこで使われた詭弁がどのような結果を引き起こしたのかを考えてみます。

◆近衛文麿内閣の「閣議決定」でエスカレートした日中戦争

日中戦争（勃発当時の大日本帝国側の公式呼称は「北支《ほくし》事変」で、のちに「支那事変」へと改称）の始まりは、一九三七年七月七日の深夜に発生した「盧溝橋《ろこうきょう》事件」でした。

当時、北平《ペーピン》（北京の当時の呼び名）近郊の盧溝橋付近で軍事演習を行なっていた日本軍の駐屯部隊が、何者かに銃撃されるという出来事が発生しました。

日本軍の現地指揮官は、発砲したのは日本軍の駐屯を快く思わない中国（中華民国）兵と判断し、間もなく盧溝橋の北の龍王廟《びょう》で、日中両軍の小規模な交戦が発生しました。

この段階では両軍とも、大規模な戦争をする考えはなく、現地では双方の部隊指揮官が話し合い、いったん停戦の合意（七月九日午前六時に両軍が撤退）が成立していました。しかし、七月一〇日夜に再び銃撃戦が発生したとの報せが東京に届くと、近衛文麿《このえふみまろ》内閣は七月一一日午後、「自衛権発動」の名目で中国への兵力増派を閣議決定しました。

これが、結果的に「銃撃戦」を「日中戦争」へとエスカレートさせる最初の転機となりました。近衛首相は、同日夜に帝国議会（今の国会）議員と財界要人、そして新聞や通信社の幹部を首相官邸に招いて「懇談」を行ない、中国への武力行使という政府の対中政策を支持するよう要請しましたが、そこで彼が述べた挨拶は次のようなものでした。

「政府と致しましては、今回の事変は出来るだけ拡大せぬように局地的に解決いたしたいと努力しました。しかしながら、支那（中国）側の態度は長年の排日侮日が最近特に甚《はなは》だしくなってきましたので、支那側に反省を促すために、相当の兵力を派遣するに至りました。（中略）反省を促すために派兵し、平和的交渉を進める方針で関東軍、朝鮮軍、それに内地から相当の兵力を出すことは、この際やむを得ぬことであります」

この二日前の七月九日午前の臨時閣議を経て日本政府が発表した、盧溝橋事件の処理方針でも、「今次事件の原因は、全く支那側の不法行為に基づく」や「支那側の反省による事態の円満収拾を希望する」など、紛争発生の原因は中国側の態度にあると一方的に決めつけ、中国側がそれを「反省する」まで武力行使で対応すると宣言していました。

現代の視点から当時を振り返る際、我々が着目すべきと思われる言葉が二つあります。「自衛権の発動」と「支那側に反省を促す」です。

◆銃撃戦が日中戦争へと拡大する過程で大日本帝国が用いた詭弁

当時の日本軍は、一九〇二年七月の天津《てんしん》還付に関する「日清交換公文」という条約に基づき、盧溝橋付近で軍事演習を行なう権利（演習権）を有していると理解していました。

けれども、当時の中国は、一九一一年の辛亥《しんがい》革命で清朝が倒されたあと、多少の紆余《うよ》曲折を経て「中華民国」という新たな政治体制の国になっており、清国時代に結ばれたこの条約を正当性の根拠とする日本軍の駐留と我が物顔での軍事演習を、自国の主権侵害だと考える中国人は少なくありませんでした。

そんな中で発生したのが、盧溝橋事件という銃撃戦でしたが、先に挙げた近衛首相の言葉が示す通り、当時の日本側には「中国側は長年にわたって排日侮日（今で言う反日）の態度をとってきた」という根強い思い込みがあり、この軍事衝突を「中国側を武力で叩いて反省を促す機会にする」ため、「自衛権発動」の名目で兵力を増派しました。

しかし、第三者的に当時を振り返ると、盧溝橋事件とそれに続く交戦の責任は、そのような紛争が起きても仕方ない状況を放置してきた日中双方にあるのは明白で、その責任を一方的に相手側に押し付けて「相手が反省するまで武力行使を拡大する」という強硬姿勢をとったのでは、紛争が収束せず戦争へエスカレートするのは当然の成り行きでした。

日本側が自軍の武力行使を「自衛行動」と主張したのと同様、中国側から見れば、日本軍の兵力増派と武力行使拡大への自軍の対応は「自衛行動」になるからです。

また、近衛内閣が高飛車な態度で述べた「支那側に反省を促す」という言葉も、中国側から見れば「自分たちを見下した挑発的な暴言」でしかありませんでした。

こうして、実際には死者が一人もいなかった偶発的な銃撃戦（盧溝橋事件）が、わずか数日のうちに日中両軍の大規模戦争へとエスカレートしましたが、日本側が武力行使の目的とした「支那側に反省を促す」という言葉も、明確な定義が存在せず、具体的に中国側が何をどうすれば「反省したと見なす」のかについての共通認識はありませんでした。

つまり、近衛内閣が大義名分として掲げた「自衛権の発動」と「支那側に反省を促す」という二つの言葉は、軍事力で中国を屈服させるという漠然とした野心をもっともらしく正当化するための方便であり、後世から見れば、中国への大規模派兵と武力行使の拡大を日本国民に納得させるために持ち出された詭弁でしかありませんでした。

日本政府はその後も、「悪いのは中国側であって、日本はただ相手側の不法行為に対応して反省を促しているだけだ」との強弁を続けましたが、日中両軍の戦いは北平周辺から中国各地へと拡大し、交渉による収束はますます難しくなっていきました。

そして、戦争の長期化と泥沼化は、中国側を支援するイギリスやアメリカとの関係悪化を招き、四年後の一九四一年一二月についに、対米英戦争の開戦を引き起こしました。

◆対日経済制裁を「ABCD包囲網」にすり替える詭弁

一九四一年一二月八日、当時の大日本帝国が用いた言葉で言うところの「大東亜戦争」が勃発しました。戦後の日本では「太平洋戦争」という呼称が多く用いられましたが、実際の戦場は中国や東南アジア方面にも広く及んでいたため、現在では「アジア太平洋戦争」という言葉で言い表す歴史学者も少なくありません。

この戦争を始めるに当たり、当時の東條英機《とうじようひでき》首相と大日本帝国政府が掲げた開戦の大義名分も、現代の視点で振り返れば、詭弁の特徴が色濃く存在するものでした。

よく知られているように、当時の大日本帝国がアメリカやイギリスとの戦争を決意したのは、日中戦争の収拾をめぐる日米交渉が決裂し、日本にとって最大の石油輸入先であったアメリカから「対日石油禁輸」という経済制裁を受けたからでした。

中国の各種利権を日本が独占することを阻止するため、アメリカとイギリスは日中戦争で日本軍と戦う中国側（中華民国、蔣介石《しょうかいせき》の国民党政権）に武器や軍需物資を送る一方、日本に対する経済制裁を段階的に進めていました。こうした展開は、日本から見れば「不当な圧力」であり、国内のメディアでは「わが国はABCD包囲網で圧迫されている」という、日本人の被害者意識を煽《あお》る言葉がよく使われました。

ＡＢＣＤとは、アメリカ（America）、イギリス（Britain）、中国（China）、そして英米両国に同調したオランダ（Dutch）の頭文字を並べたものでしたが、日本政府は日中戦争の開始以来ずっと「悪いのは中国側だ」との認識を変えていなかったので、日本国民も「アメリカやイギリスが『悪い中国』の側に立って日本に不当な圧力をかけている」との認識を共有し、中国だけでなくアメリカとイギリスへの反感も高まっていきました。

この、日中戦争に起因する対日経済制裁を「ＡＢＣＤ包囲網」にすり替えた論法も、現実認識の恣意的な操作という面では、詭弁の一形態と見ることが可能です。

現代の視点で考えると、当時の日本政府や日本国民はなぜ巨大な国力を持つアメリカと戦争なんてしたんだろう、頭がどうかしていたのではないかと考えてしまいがちです。

けれども、当時の日本国民は、実際には日中戦争の拡大と泥沼化で戦費負担が増大し、それによって自分たちの生活レベルが下がっているという「自国政府の責任」を正しく認識しておらず、逆に「反省せず不当な抵抗を続ける」中国側に味方して日本への経済制裁を段階的に強めるアメリカとイギリスをも「敵」と見なす風潮が強まっていきました。

それゆえ、真珠湾攻撃でアメリカとの戦争が始まった時、名の知れた文豪や詩人までもが「みんな万歳を叫んだ」（井《い》伏《ぶせ》鱒《ます》二《じ》）ように喝采を送る状況となったのでした。

◆「大東亜戦争」を正当化するために使われた「アジア解放」という詭弁

先に述べた通り、大日本帝国が一九四一年一二月八日にアメリカ・イギリスとの戦争を始めた最大の理由は、アメリカによる対日石油全面禁輸への対抗でした。

具体的には、東南アジアで最大の産油地であるオランダ領東インド（現インドネシア）とその周辺の米英植民地に攻め込み、各種の資源を奪い取って日本経済を維持しようという、長期的な戦略を欠いた「場当たり的対処」でした。

もちろん、そんな「本当の理由」を政府が国民に正直に伝えるわけにはいきません。今までずっと「わが国は正しい」と国民に信じ込ませてきた以上、中国に加えてアメリカとイギリスまで戦争の敵国とする判断でも、政府の正しさを信じさせる必要があります。

そこでひねり出されたのが「大東亜の解放」という大義名分でした。

石油などの天然資源を奪いに行くという利己的な理由ではなく、東南アジアの植民地をアメリカやイギリス、オランダの支配から解放するという「立派な理由」で日本は戦争を拡大するのだ、「解放戦争」であって「侵略戦争」ではないのだ、という説明です。

現代の視点で見ればすぐ気づくように、これは明らかな詭弁です。

しかし当時の日本人は、前記した風潮もあって、この説明を信じてしまいました。

開戦から一ヵ月が経過した一九四二年一月二一日、東條英機首相兼陸相は、帝国議会で演説を行ない、今次の戦争は「一〇〇年間にわたって米英の搾取《さくしゅ》に苦しんできたアジア諸国を解放し、大東亜永遠の平和と、帝国（日本）を核心とする道義に基づく共存共栄の秩序を確立する」ための義戦であるとの方針を宣言しました。

しかし実際には、この説明は後付けで考え出された詭弁でした。

大日本帝国は、イギリス領のマラヤ（現マレーシア）とシンガポール、香港、ビルマ（現ミャンマー）、アメリカ領のフィリピン、オランダ領のインドネシアを占領支配下に置きましたが、戦略的に重要な軍港のあったシンガポールは「昭南島《しようなんとう》」と改称されて日本の領土に組み込まれ、マラヤと香港、インドネシアも終戦まで日本の統治下に置かれました。

ビルマとフィリピンについては、一九四三年八月一日と同年一〇月一四日に大日本帝国政府が「独立」を承認するとの決定を下しましたが、実際には日本の傀儡《かいらい》政権を樹立した間接統治の形態に留まり、日本政府と両国の関係も「外務省」ではなく「大東亜省」という植民地統治の省が担当し続けました。

そして、現在のベトナム、ラオス、カンボジアは、当時は「仏領インドシナ（仏印）」というフランスの植民地でしたが、日本はフランスの仏印総督府と協力関係を結び、日米英開戦後の一九四一年一二月九日には、フランスの仏印軍と駐留日本軍が協同で仏印全域の防衛に当たるという「日仏現地軍事協定」が締結されました。

つまり大日本帝国は、フランスの植民地支配を容認し、ベトナムやラオス、カンボジアを「白人支配から解放」しませんでした。戦争末期に、ビルマとフィリピン同様に名目的な「独立」を与えましたが、それは実権を握る大日本帝国政府に従う傀儡政権に過ぎず、大日本帝国による米の徴発や買い叩きで、ベトナムでは餓死者が大量発生しました。

戦争中、大日本帝国は東南アジアの支配領域を「大東亜共栄圏」と称し、あたかも日本人と各地の住民が仲良く手を取り合って新時代を築いているかのような政治宣伝（プロパガンダ）を盛んに行ないました。しかし実際には、あらゆる決定権は東京の大日本帝国政府と日本軍上層部が独占し、現地の日本兵は住民を見下すような態度をとっていました。

国家が詭弁を国策に取り入れてしまうと、石油などの資源を奪い取るために他国へ侵攻する巨大な戦争ですら、国民は「正しい行ない」だと信じ込まされてしまうのです。

《2》現実認識を歪ませ、合理的思考力を失わせる「詭弁の常態化」

自分にとって不都合な状況や事実が持つ意味を、小手先の詭弁でねじ曲げて、周囲の人間だけでなく自分自身をもだますという行動が習慣化・常態化すると、より深刻で重大な「思考の病」に言動を支配されるようになります。

それは、現実と正面から対峙《たいじ》することから逃げる「現実逃避」です。

戦争のような巨大な国家プロジェクトはもちろん、それより規模が小さい計画の遂行においても、まず重要になるのは、目の前の現実と誠実に向き合うという姿勢です。

思考が詭弁まみれになると、そんな知的に誠実な姿勢が失われてしまいます。

目の前の現実と誠実に向き合うとは、自分にとって都合がいいか、悪いかという選別を先にせず、すべての現実をありのままに直視し、その意味を理解し把握することです。

出発点でそれをやらないと、前提条件が狂っていることに気づかず、途中段階で小計画を積み重ねても成功しない可能性が高まります。最初の段階で地面を平らにならさないまま、大きな建物を建築していく様子を想像すれば、その危険性がわかると思います。

人間の思考は、自分がこうあって欲しい、こうであるに違いないという、願望を投影した「主観」と、自分の意向や願いとは無関係に存在する「客観」の二つで構成され、物事をうまく進められる人や組織は、この二つのバランスが適度にとれています。

しかし、自分の都合に合わせて現実認識を歪曲する、詭弁という思考操作が常態化し、中毒のようになってしまうと、主観と客観のバランスは大きく崩れ、願望を投影した主観が異常なほど肥大化した「自己中心的な思考」しかできなくなってしまいます。

そんなグロテスクな展開の実例が、一九三七年から一九四五年の大日本帝国でした。

◆対米戦が決定してから出てきた「米軍恐るるに足らず」論

真珠湾攻撃から四ヵ月前の一九四一年八月二七日と二八日に首相官邸で開かれた報告会で、近衛文麿首相や東條英機陸相らは、ある極秘の「研究結果」を知らされました。

その研究を行なったのは、一九四〇年九月三〇日付の勅令第六四八号に基づいて設立された、「総力戦研究所」と呼ばれる首相直轄の研究機関でした。この研究所には、陸軍と海軍の大佐をはじめ、外務省、内務省、大蔵省、農林省、商工省などの官庁の課長や局長が研究員として参加し、一般には公表されない国家の機密情報を含む膨大なデータを用いて、実践的かつ多面的な「シミュレーション」を行なっていました。

そうした研究の一環として、近い将来に日米戦争が勃発した場合にどのような問題が国の各分野で発生し、最終的に戦争の勝敗はどうなるかを、緻密なデータ分析に基づいてシミュレート（仮想実験）する作業を行ないました。

そこで導き出された結論は、「最初の数年間は日本が優勢を確保できるとしても、短期決戦で終結させられる見込みは薄く、長期戦となれば日本の国力が急速に疲弊し、最終的には敗北するので、対米戦は行なうべきでない」というもので、具体的な分析内容も、四ヵ月後に勃発する日米戦争の展開を、驚くほど正確に予見したものでした。

しかし東條はその席上、「日露戦争で日本が勝てるとは誰も思わなかった。戦争では、予想外のことが勝敗を左右する。諸君の研究は、そうした不確定要素を考慮していない」との一見もっともらしい理由を口にして、日米戦で日本が負けるという結論への同意を拒んだ上、「この結果は口外してはならない」と釘を刺しました。

どうですか？　これが「主観が異常なほど肥大化した自己中心的な思考」の例です。

総力戦研究所の研究結果は、当時の「知的エリート」たちが徹頭徹尾、各種のデータに基づいて研究し導き出した、純度の高い「客観的事実」です。

それに対し、東條英機が口にしたのは、そのような事実を受け入れたくないという幼児的な動機に基づく、肥大化した主観で現実をねじ曲げた、無責任な詭弁でした。

この結果報告会から五一日後の一〇月一八日、近衛に代わって東條が日本の総理大臣となり、一二月八日の対米英開戦に向けて走り出しますが、真珠湾攻撃前日の一二月七日に発行された、東洋文化協会発行のグラフ誌「画報躍進之日本」(第六巻第十二号)には、「電撃組閣完了　東條新内閣成立す」という東條政権の発足を報じる記事と並んで、アメリカの戦争遂行能力を低く見積もった「分析記事」が掲載されていました。

「宣伝倒れの米陸軍　歴たる軍紀の弛緩」と題された記事がそれで、一見強力に見えるアメリカ陸軍が、いかに「駄目な軍隊」であるかを読者に強く訴えていました。

「アメリカ陸軍の拡充計画は、鳴り物入りの宣伝にもかかわらず、軍事専門家筋へ各方面から入った情報を総合すると、未だきわめて劣弱な事実は覆うべくもない。すなわち欧州有力軍事通筋の間で最近定説となっているところによれば、アメリカ陸軍最大の欠陥は、将校が無能なことと、装備・戦術の旧式幼稚な点にありとされ、(中略)その戦術には現在なお先進各国陸軍にはるかに遅れている」(一部現代かなづかいに変換)

「アメリカの現有兵器は、幼稚を極め、戦車のごときは前大戦当時の旧式なものが多く、高射砲なども同様で、アメリカ政府は軍事生産力の増大を宣伝しているが、現在のところ遅々として進まぬことは常に議会はじめ各方面の国内問題となっており（略）」（同前）

この号には、平出英夫《ひらいでひでお》海軍大佐や岡本清福《おかもときよとみ》陸軍少将、長谷川清《はせがわきよし》海軍大将（台湾総督）などが、対米開戦を念頭に置いたような記事（「わが準備は全く成れり」や「対米譲歩に限度あり」、「太平洋危機は米国の責任」など）を寄稿しており、軍部の意向と無関係にこのような「アメリカ軍の能力を見くびる記事」が雑誌に出たとは考えられません。

むしろ、対米開戦を前にして「アメリカ軍は強そうに見えるが、実は弱いのだ、だから心配しなくてもいいのだ」という印象操作の記事を出すことで、陸海軍の上層部が部下の日本兵と一般国民の「対米戦への不安」を和《やわ》らげようとしたとも解釈できます。

そして、対米開戦が不可避となった段階でこのような「状況認識を自分たちに都合よく歪める記事」が雑誌に出たことにも、現実逃避の側面があったように思います。

◆戦力比「一対一〇」を強引に「一対一」へと歪めてしまう主観の暴走

実際に日米戦が勃発すると、日本陸軍は自軍の九七式中戦車よりも性能面で優れたアメリカ陸軍のM4シャーマン中戦車に苦しめられ、広い太平洋の全域でアメリカ陸軍の将兵と死闘を繰り広げることになります。正面から撃ち合った場合、シャーマンは距離一〇〇〇メートルで九七式中戦車を撃破できましたが、九七式中戦車の搭載砲は距離四〇〇メートルまで接近しないと、シャーマンの前面装甲を貫通できませんでした。

このシャーマン戦車の量産をアメリカが開始したのは、一九四一年一〇月、つまりこの号が出る前でした。また、戦闘機や爆撃機、雷撃機などの軍用機でも、緒戦こそ日本海軍の零《れい》式艦上戦闘機（ゼロ戦）が無敵を誇りましたが、アメリカ軍も機体の改良と戦術の研究で劣勢を挽回し、日本軍の優位は失われました。そして、レーダー（遠くから敵部隊を探知する電波装置）やVT信管（空中を飛ぶ敵航空機の機体付近で高射砲弾が爆発するよう設定する装置）などの新技術では、アメリカ軍が日本軍を完全に凌駕《りようが》しました。

日米開戦の直前に「画報躍進之日本」に掲載された、アメリカ軍の将兵や兵器の能力を侮《あなど》り嘲《あざけ》る記事は、そうであってくれなければ「日本がアメリカに勝てる見込みが無い」からそのように「解釈」するという、切実な「願望の投影」に他なりませんでした。

保阪正康《ほさかまさやす》著『あの戦争は何だったのか』（新潮新書）でも、太平洋戦争勃発直前の時期、東條首相兼陸相と陸軍上層部が日米間の総合的な戦力比の認識をどのように「日本に都合のいいように解釈を歪めたか」について、次のような記述があります。

「太平洋戦争開戦直前の日米の戦力比は、陸軍省戦備課が内々に試算すると、その総合力は何と一対一〇（筆者注・日本が一、アメリカが一〇）であったという。（中略）
　軍事課では、戦争開始以降の日本の潜在的な国力、また太平洋にすぐに動員できる地の利も考慮すれば、『一対四』が妥当な数字だと判断し、改めて東條に報告がなされた。東條はその数字を、『物理的な戦力比が一対四なら、日本は人の精神力で勝っているはずだから、五分五分で戦える』、そう結論づけてしまった」

　この「一対一〇」の戦力評価を強引に「一対一」へと歪めてしまう思考は、現実と誠実に向き合うという客観性重視の合理的思考とは対極の発想ですが、当時の日本軍人や日本国民は、この種の思考を「おかしい」と認識する能力を喪失していました。
反論する者は「ならばお前は、日本人の精神力が低いと言うのか」との筋違いの罵声《ばせい》を浴びせられ、組織や社会の中で孤立させられることになるからです。

◆なぜ日本の組織は「一度始めたプロジェクトを止められない」のか

また、客観性重視の合理的思考を排斥したことで、現実認識を自分に都合良く操作することへの抵抗や疑問が薄れ、自国に有利な方向へと意味を変えられるなら、現実認識を歪曲・修正することが逆に推奨されるという、異常な心理状態が形成されていました。

このような心理状態は、先の戦争中、陸軍や海軍が「一度始めた作戦をなかなか中止できない」という、非合理的な事態をあちこちで引き起こすことにもなりました。

その中でも特に有名なのは、一九四四年三月から七月にかけてビルマからインドに至る地域で行なわれた「インパール作戦」でした。

作戦を実行した日本軍の現地指揮官は、第十五軍司令官の牟《む》田《た》口《ぐち》廉也《れんや》陸軍中将で、彼は「作戦が成功すればインド・ビルマ方面だけでなく中国戦線にも良い影響を及ぼせる」と考えて、インド東部のインパールとその周辺を目指す攻勢を部下に命じました。

しかし、戦場となるビルマとインドの国境地帯は、山とジャングルと川の峡谷が連なり、物資の輸送に利用できる道路がほとんど存在しなかったため、第十五軍の参謀や各部隊の参謀（参謀とは専門的見地から司令官に助言する将校）たちは「実行すれば部隊が補給不足に陥って作戦を継続できなくなる可能性が高い」と牟田口に中止を進言しました。

この状況は、前記した「総力戦研究所」の研究結果とも重なる面がありますが、牟田口はこうした進言を行なった参謀を感情的に罵倒し、軍の参謀長を罷免してしまいました。

そして、彼が自分の野心を込めて強行したインパール作戦は、参謀たちが予想した通り兵站《へいたん》面で大きな困難に直面し、前線部隊は食料などの補給物資の不足に直面しました。

しかし、牟田口は作戦成功の見込みが薄れてもなお、攻撃の継続に固執します。事前に数多く出ていた反対論を押し切って、第十五軍の参謀長を切り捨ててまで強行した作戦なので、兵站問題の発生を理由に攻撃を中止すれば、軍司令官としての自分の面子が潰れると考えたのかもしれません。

いずれにせよ、作戦中止の決断が何ヵ月も遅れたことで日本軍兵士の損害は増大し、作戦は大失敗に終わり、少なくとも二万人、敗走途中の餓死者や自決者を含めれば三万人以上とされる日本軍兵士の命が失われることになりました。

こうした、現実から目を背けて自分たちに都合のいいように歪める思考形態は、日本軍が戦争に敗れて大日本帝国の政治体制が崩壊したあとも、いわゆる「歴史修正主義者」に継承され、当時の戦いを今も継続しているかのような言論活動が続けられています。

《3》大日本帝国を擁護する詭弁の歴史解釈：歴史修正主義

歴史修正主義とは、過去の歴史を「政治的文脈」で捉え、特定の歴史的事象を美化する方向で歪曲したり、そんなものはなかったと否認する、思考と行動を指す言葉です。

ナチス・ドイツが第二次世界大戦中に行なったユダヤ人大量虐殺（ホロコースト）について「なかった」と否認したり、日本軍が日中戦争期に上海から南京《ナンキン》への進撃途上で行なった中国人市民と中国軍捕虜の大量殺害を「なかった」と否認する言動がその実例です。

前者の場合、それを行なうのはナチスとヒトラーを擁護したい「ネオナチ」と呼ばれる政治勢力で、ドイツ国内では影響力も極めて限られた少数派ですが、後者の場合は大日本帝国時代を擁護したい日本の政治勢力（なぜか「保守派」という穏やかな言葉で呼ばれることが多い）が、与党の政治家や教育行政を巻き込む形で大規模に展開しています。

こうした歴史修正主義者は、いろいろな理由から、自国が権威主義的な軍事強国であった時代のナチス体制や大日本帝国体制に魅力を感じているので、当時の体制を擁護することが「愛国的」であるという、主観的な解釈を共有している様子です（日本における歴史修正主義者の思考形態と思想的な背景については、拙著『歴史戦と思想戦』集英社新書で詳しく分析しましたので、関心のある方はぜひご参照ください）。

彼らは、事実に基づく論理的にまっとうな主張ではプロの歴史家に太刀打ちできないので、本書第二部の《4》で紹介したような「論理的思考と情緒的思考のすり替え」や、同じく第二部の《2》で説明した「断言の反復」などの詭弁をよく使います。

これ以外にも、歴史修正主義者が好む詭弁のパターンはいくつもありますが、ここでは使用される頻度が高いと思われる、二つのパターンについて読み解いてみます。

◆歴史修正主義の詭弁パターン1：全体の一部だけを切り取る

現在の日本の一部には、日本軍の東南アジアへの軍事侵攻とそれに続く植民地支配について、「白人の支配からアジアを解放する義戦＝正義の戦争だった」という、東條英機の述べた詭弁の大義名分を、今もそのまま信じている人が存在しています。

彼らがその根拠として挙げるのが、第二次世界大戦後に東南アジアの各植民地が「独立した」というものです。時系列としては、確かに一理あるようにも見えます。

このような主張は、論理的に筋が通ったものなのでしょうか？

詭弁の主張でよく使われるトリックの一つは、「全体の一部だけを切り取る」という手法です。自分の主張に都合のいい一部分だけを切り取って針小棒大《しんしょうぼうだい》に膨らませ、都合の悪い残りの部分については、無視するか、別の詭弁で意味をねじ曲げて説明します。

先の戦争が「白人支配からアジアを解放する戦いだった」という主張も、このパターンの典型例であると言えます。歴史修正主義者は、前記した東條の大義名分に加えて、東南アジアの地元住民の中にも日本軍に協力する者がいたという「全体の一部」を切り取り、あたかもそれが「全体」であるかのように誇張して「断言」し、「反復」します。

しかし実際には、それとは違う「歴史修正主義者にとって都合の悪い事実」も、数多く存在しており、全体の中ではむしろ後者のほうが大きいと言えます。

大日本帝国による東南アジアの統治が、本質的な意味での「解放」からはほど遠い、事実上の「大日本帝国による新たな植民地支配」であった事実は先に述べましたが、戦後の東南アジア諸国で用いられてきた歴史教科書を見ても、「自国が独立できたのは日本のおかげ」と子どもに教えている国はただの一つもありません。

例えば、シンガポールで一九八五年に刊行された、中学校初級用の教科書『現代シンガポール社会経済史』（ロングマン・シンガポール出版社）には、独立前の第二次世界大戦中に起きた日本軍の侵攻と日本統治時代について、次のように説明しています。

「一二三年間、シンガポールの人びとは平和に暮らしていた。日本軍がシンガポールを攻撃したとき、人びとは戦争の恐怖を体験しなければならなかった。日本軍が島を占領した三年半の間は、さらに大きな被害と困難な状況が待ち受けていた。この時期は、日本軍占領時代として知られている。

イギリス軍が降伏してからすぐ、シンガポールの町は恐怖の都市と化した。（中略）シンガポールは昭南島（ショウナントウと発音）、あるいはショーナンアイランドと名前を変えさせられた。〝ショーナン〟とは〝南の光〟を意味する。しかし、この〝光〟は明るく輝くことなく、シンガポールの人びとは日本の支配下で彼らの生涯のうち、もっとも暗い日々をすごした」（越田稜編著『アジアの教科書に書かれた日本の戦争《増補版・東南アジア編》』梨の木舎）

米領フィリピンの場合、アメリカ政府は一九三四年三月の時点で既に、一〇年後の一九四四年七月に植民地からの独立を認めるという「フィリピン独立法」を議会で成立させていました。

つまり日本軍が侵攻しなくても、フィリピンは円満独立が約束されていたのです。

では、戦後の独立と「日本軍の侵攻と統治」の関係についてはどうでしょう？

第二次世界大戦後、イギリスやフランス、オランダの植民地はそれぞれ独立を果たしましたが、アフリカなど他の地域でも、イギリスやフランス、オランダの植民地が次々と独立しました。これらの宗主国は、第二次世界大戦の序盤で本国がドイツ軍の地上侵攻によって征服されたり、ドイツ空軍の激しい爆撃を受けたりして大きな打撃を被《こうむ》り、形式的には「戦勝国」に名を連ねたものの、もはや海外の植民地を維持できる余裕を持ちませんでした。

では、東南アジアやアフリカの植民地の独立は「ヒトラーのおかげ」でしょうか？

総統アドルフ・ヒトラーに率いられたドイツ軍が、オランダとフランスに攻め込んで征服し、イギリスとも激しい戦いを繰り広げたのは、東南アジアやアフリカの植民地を独立させるためではありませんでした。しかし英仏蘭三国は「結果的に」、ドイツとの戦争で荒廃した国内の復興を優先する必要に迫られ、植民地を手放すことになりました。

つまり、「日本が侵攻して統治したから東南アジアの植民地は戦後に独立できた」という歴史修正主義者の主張は、世界史的な広い視野を欠いた「こじつけ」であり、当時日本に協力した現地住民の一部が戦後の独立後に国の指導者になったなどの、全体の一部だけを切り取って誇張した詭弁でしかありません。

◆歴史修正主義の詭弁パターン2：責任を「敵側」に転嫁する

もう一つ、歴史修正主義者が大日本帝国を擁護する目的で主張する詭弁のトリックを挙げると、開戦の責任を「敵側になすりつける（転嫁する）」論法があります。

例えば、戦争中から東條英機ら政府と軍の上層部が主張したのは、「戦前のＡＢＣＤ包囲網で日本は理不尽な経済的圧迫を受け、やむを得ず対米英蘭の戦争を始めざるを得なくなった、だからこれは自存自衛の戦争だ」という、日本を被害者と見なす詭弁でした。

この主張が詭弁であることは、次のような状況を想定すればすぐわかります。

ある男が、自分勝手な理由で地元の商店街にある店と揉めごとを起こし、お前が反省しないなら店の営業を邪魔してやると脅した。すると、同じ商店街で営業する肉屋や米屋、八百屋などが脅された店に加勢し、男はこれらの店で商品を売ってもらえなくなった。

食べ物を買えなくなった男は、このままでは飢え死にすると考え、自分の命を守るための行動＝自衛行動と称して、肉屋や八百屋、米屋の倉庫に盗みに入った。

これを見て、男の行動を「自衛のためだから仕方ない」と思う人がいるでしょうか？

先に述べた通り、当時の大日本帝国が「ＡＢＣＤ包囲網」と呼んだものは、日本の中国での行動を「国際秩序を乱す行為」と考えたアメリカやイギリス、オランダが、横暴なことを止めさせるために行なった「経済制裁」であり、今で言えばウクライナに侵攻したロシアに欧米諸国が経済制裁を科しているのと同種の行動です。

言い換えれば、いわゆる「ＡＢＣＤ包囲網」は日本の中国での行動が引き起こした結果であり、日本が理由もなくアメリカやイギリスにいじめられているかのような当時の説明は、問題の本質をすり替えて責任を米英中蘭に転嫁する詭弁に他なりませんでした。

もう一つ、戦後の日本で歴史修正主義者がよく語る詭弁として、大日本帝国の開戦責任を「敵側」に転嫁する「日本ははめられた」という陰謀論があります。

「第二次世界大戦への参戦を望んでいたアメリカのローズヴェルト大統領は、経済と外交で日本に圧力をかけて、わざと日本が戦争をするように仕向け、開戦の責任を日本側に負わせる謀略を成功させた」というのが、この主張の骨子です。

しかし、当時の歴史的事実に照らしてみると、このような陰謀論が成立する余地はありません。時系列で言えば、日本陸軍の英領マラヤへの侵攻開始時刻のほうが、日本海軍の真珠湾攻撃よりも少し先でしたが、アメリカ政府から経済と外交の両面で圧力をかけられたとしても、真珠湾攻撃でアメリカを「だまし打ち」の形で先制奇襲攻撃したのは日本側であり、開戦の責任はどこから見ても日本にあります。

つまり、日米開戦の責任はアメリカにあるという主張は、お粗末な詭弁です。仮に百歩譲って「日本は対米開戦をせざるを得なくなるよう仕向けられたのだ」という主張に一理あるとしても、それは「そんな策略に乗って自滅的な戦争を仕掛けた大日本帝国の大失敗であり、東條などの指導者が馬鹿で無能だった」という結論にしかなり得ません。

この陰謀論の派生系として、実はソ連のスパイがアメリカ政府内にいて、ローズヴェルトに「日本に戦争を始めさせる」よう仕向けたのだ、という「ストーリー」もあります。米政府の極東政策に関する提言を行なう立場にあった、ハリー・デクスター・ホワイトという米財務省特別補佐官が、実はソ連のスパイ（諜報員）であったと戦後に判明したことから、「コミンテルン（ソ連の影響下にある共産党の国際連携組織）がホワイトを使ってローズヴェルトに対日強硬政策をとらせ、それが日本を戦争に追い込んだ」というのが、「コミンテルン陰謀論」で語られる定型的な説明です。

しかしこれも、実際の史実に照らせば、説得力のない詭弁だとわかります。

ローズヴェルト大統領は、ナチス時代のヒトラーのような独裁者ではないので、対外政策も、国務長官（外相）や財務長官など、多くの閣僚との協議を経た上で決定します。日米交渉の最終段階でアメリカ政府が大日本帝国に提示した「ハル・ノート」と呼ばれる覚書も、米国務省が作成した内容に基づいて政府内で検討されたものでした。

補佐官の一人がソ連のスパイであったとしても、その影響力はきわめて限られた範囲でしかなく、アメリカ政府の国策を右から左へと転換させるような力は持ち得ません。

結局のところ、自存自衛戦争論も、ローズヴェルト陰謀論も、コミンテルン陰謀論も、「大日本帝国も東條英機も悪くない」という「自分たちにとって都合のいい結論」から逆算してひねり出された、自己中心的で卑怯な詭弁でしかありません。

◆歴史を「修正」する詭弁を甘く見ることの危険性

このような、過去の歴史を特定の政治目的でねじ曲げる詭弁は、歴史修正主義という狭い範囲に留まらず、国や地方の教育行政や防衛政策にまでその影響が波及しうるもので、安易に「昔の話なら少しぐらい日本に有利な方向へ解釈を曲げてもよいのでは」と考えるのは危険です。

日本の歴史修正主義者は、国の政策や国民の思想をもう一度、かつての大日本帝国と同じような形、つまり「国家の利益を国民一人一人の利益より優先する権威主義的な非民主的国家」へと戻したいと考えているようです。彼らは、そうした目的のために、大日本帝国に関する批判的要素を打ち消す詭弁を考案し、断言と反復というテクニックを使って宣伝しています。

そして、現在の与党である自民党には、靖国神社（境内にある博物館「遊就館《ゆうしゅうかん》」では先の戦争を「大東亜戦争」と呼び、侵略でなくアジア解放戦争だったとの解釈を説明）への参拝を盛んにアピールする高市早苗をはじめ、こうした政治思想を共有する勢力に支持されたり、大日本帝国時代を肯定するイベントに参加したりする「保守派」の政治家が数多く存在します。

二〇〇六年一二月一五日、戦後の民主的教育の柱だった「教育基本法」の改正法案が国会で成立（公布・施行は一二月二二日）し、いわゆる「愛国心条項（第二条の五『伝統と文化を尊重し、それらをはぐくんできた我が国と郷土を愛するとともに、他国を尊重し、国際社会の平和と発展に寄与する態度を養うこと』）」が国の教育方針に盛り込まれました。この時の総理大臣は、のちの第二次安倍政権時代に現職総理大臣として靖国神社に参拝（二〇一三年一二月二六日）することになる、安倍晋三（第一次安倍政権）でした。

愛国心という概念は、現代の日本ではしばしば、大日本帝国時代を美化礼賛したり、その時代の侵略や虐殺などの負の歴史を否認するための大義名分としても使われてきました。

例えば、「我が国と郷土を愛する＝愛国心を持つ日本人」ならば、当然の行為として過去の歴史問題をめぐる議論でも日本（大日本帝国）の側に立って「日本」を擁護し、韓国や中国による「不当な日本への攻撃」に対抗すべきだ、という風な使い方です。

しかし、これは危険な詭弁です。

実際には、現在の日本国と当時の大日本帝国は、政治体制も自由や人権などの価値観も異なる別の国であり、日本国の国民が無条件で、大日本帝国を擁護しないといけない理由はありません。現在のドイツ連邦共和国とナチス・ドイツの関係も同様です。けれども、愛国心という概念はこの違いをうやむやにし、日本国と大日本帝国を全部引っくるめて「日本」と呼ぶことで、「愛国心を持つ日本人」は当然、大日本帝国の味方でもあるはずだという方向へと、人々の思考を誘導します。

思想の自由や言論の自由など、自由というものは、生まれた時からそこにあるもの。そんな時代を生きてきた我々からすると、政府がそれを厳しく取り締まり、違反する者には厳しい懲罰を加えて、国民からあらゆる「自由」を奪い取り、国家の利益（当時は天皇中心の国家体制の存続）への献身奉仕を押しつけた時代にまた戻る、というのは、想像しづらいことではあります。

けれども、詭弁という言葉の詐術を甘く見た結果として、一見もっともらしい情緒的な大義名分が少しずつ積み重ねられ、小さいところから自由が一つずつ失われて、気がつくと当時と同じような窮屈で不自由な社会になっていた、という可能性も、決して無視できないほどのレベルで今の日本社会に存在しているように、私には思えます。

《4》日本社会はなぜ詭弁に対してこれほど無力となったのか

私は、本書が刊行される時点で五六歳ですが、日本の政治中枢でこれほどまでに詭弁が常態化する時代が来るとは、若い頃には想像もしませんでした。

政権与党が自民党である時期が長く続いても、歴代の総理大臣は最低限の節度を保って論理的な受け答えをしており、意見や政策の違いはあっても、政治の世界には一定の良識が保たれているものだと、漠然と理解していました。

しかし、この一〇年ほどの間に、そうした認識は粉々に打ち砕かれました。

特に深刻だと思うのは、政権与党である自民党の首相や大臣、官房長官の口から出る言葉の「幼稚さ」です。第一部で詳しく論証したように、今の首相や大臣、官房長官らは、子どもから尊敬される立派な大人として振る舞う考えを捨てているかのようです。

むしろ、小学生の口答えや屁理屈のような詭弁を、国会答弁や官房長官の記者会見で平然と口にしています。あれをテレビのニュースやネット動画で見ている子どもが、どう理解し、人格形成にどんな風に取り込んでいくのか、私はとても心配です。

◆首相や官房長官の記者会見での「詭弁に対する記者の無抵抗」

そうした政治家の問題と共に、私が何年も前から異様だと感じているのは、首相や官房長官の記者会見で質問している政治記者たちの、詭弁に対する「無抵抗さ」です。

権力を握る内閣の首相や官房長官は、重要な政治問題について、質問されたことに誠実に答える義務を負います。これは「権力と引き換えに課せられた義務」であり、その義務を果たさないのなら、政権として権力を握り続ける正当性を失うはずです。

それゆえ、民主主義国の政治記者たちは、国民の「知る権利」を代行するという責任感を胸に抱きながら、相手が政府トップや大臣であっても、臆せずに本質的な質問を繰り出します。時には、相手を怒らせたり不機嫌にさせたりする質問もなされますが、大抵の場合、それは政府側が隠したい問題を問うからで、国民にとっては有益な質問です。

そして、多くの国では、重要な問題が発生した時の政府トップの記者会見は、時間制限のようなものはなく、記者の質問が途絶えるまで続けられます。記者会見の主導権は、常に記者側が握るのが当たり前とされ、政権側がもう止めたいと思っても、さらに質問する記者がいれば、いつまでも続けられるのが普通です。

私は、新型コロナウイルスの感染が拡大する直前の二〇二〇年二月、戦史研究の取材でフィリピンのマニラ（ルソン島）とレイテ島に旅行しましたが、その時にホテルのテレビを見て感心したのは、当時のドゥテルテ大統領と閣僚たちが、新型コロナ関連の記者会見を延々と続けていたことでした。国民の命に関わる問題なので、記者からの質問は途絶えませんでしたが、ドゥテルテ大統領と閣僚は、落ち着いて受け答えしていました。

これに対し、日本の首相や官房長官の記者会見では、状況がまったく異なるようです。

まず、記者会見の主導権を、記者ではなく政府側が握り、内閣府が決めたスケジュールの範囲内だけで行なわれて、時間が来たら一方的に打ち切られます。それに対して記者側が「まだ質問があります」と抗議することはほとんどありません。常に、政府側のペースで質疑応答がなされ、首相の記者会見で最初に主要なメディアから出されるいくつかの質問については、事前に政府側に提出され、首相は官僚の作った答弁の紙を読むだけです。

そして、記者会見で首相や官房長官がさまざまな詭弁を使って返答をはぐらかしても、記者はそれに対して全然怒らず、それどころか詭弁を詭弁のまま見出しにして、政府側にとって都合のいい詭弁を社会に広めて既成事実化する片棒まで担いでいるようです。

テレビやネットで首相の記者会見の生中継を見たことのある人ならご存じでしょうが、日本の政府トップの記者会見は、事実上「総理大臣の独演会」であり、それに続く記者とのやりとりは「付け足し」でしかありません。

あらかじめ政府側が決めた制限時間の中で、総理大臣が一方的に言いたいことだけ言う「独演」が長引けば長引くほど、その後の記者による「質問タイム」は削られ、結果として主要メディア記者との芝居めいたやりとりだけが、NHKの生中継で放送されます。

どう見ても「先進国」の政府トップの記者会見ではありません。むしろ、言論の自由が認められていない国での、アリバイ的な「記者会見もどき」に近いように思います。

◆政治家の詭弁に加担する政治記者は、一体どちらの味方なのか

私は、一国民として、こうした政治記者の不誠実な仕事ぶりに、強い怒りを覚えます。彼らは「内閣記者クラブ」という組織に所属し、その組織内の秩序を国民の「知る権利」よりも優先することを、当たり前だと思っている様子です。「内閣記者クラブ」内の秩序とは、首相や大臣、官房長官とケンカして対立するような質問をせず、相手が答えやすい質問をして、政権と良好な関係を維持するというものです。

こうした政治記者の不誠実な仕事ぶりは、もはや「ジャーナリズム」とは呼べないと思います。彼ら・彼女らが政治家を甘やかし、詭弁を弄する態度を政治家がとってもそれを問題だと思わず、あるいは詭弁を弄しているという事実にすら気づかずに、ただ当座の安寧を優先して形式的な情報伝達の仕事だけをしてきた結果が、政治の世界におけるこれほどの詭弁の蔓延であり、日本社会の倫理レベルの低下だと考えられるからです。

第二次安倍政権のある時期から、政治記者たちは「中立」という概念をはき違え、あるいは都合のいい解釈に逃げて、表面的には「中立」のポーズをとりながら、実質的には権力に奉仕するという態度をとってきたようにも感じます。ここで言う「中立」とは、与党対野党という二項対立でどちらにも味方しないとか、与党の不正疑惑を野党が論理的に追

及しても、与党側の詭弁を必ずセットで報じて、批判の効果を弱めるなどの行動です。けれども、こうした表面的な「中立」は、実際には「偽の中立」でしかありません。

権力を握る者とそうでない者、横暴に他者の権利を侵害する側とされる側の「ちょうど中間」に立つことは、表面的には「中立」に見えても、実際は「強い側」に味方しています。それは、目の前でいじめが起きている時、いじめの加害者と被害者のどちらにも味方せず傍観する人間が全員「実質的にいじめの加害者側の味方」であるのと同じです。

政治記者に求められるのは、表面的な「中立」ではなく、何が公正（フェア）で何がそうでないか、権力を握る首相や大臣が不公正（アンフェア）なことをしていないか、という「問題意識」です。これを記者の「主観」だと勘違いして否定する意見も、ネットなどで時々見ますが、一人の人間として「問題意識」を持たず、ただ政治家の発言をカタカタとキーボードでパソコンに打ちこんで文字起こしして記事を書くだけの人間は、民主主義が成熟した国では「ジャーナリストとして失格」と見なされます。

ちなみに、フランスに拠点を置くジャーナリストの組織「国境なき記者団（RSF）」が毎年発表する「報道の自由度ランキング」で、二〇二三年の日本の順位は、一八〇ヵ国中六八位でした。この順位は、同組織のジャーナリストたちが政治的内容、経済的内容、法的枠組み、社会文化、安全性の五項目を総合的に評価した結果ですが、ランキングを最初に発表した二〇〇二年の日本（第一次小泉《こいずみ》内閣）の順位は、一三九ヵ国中二六位でした。

その後、日本の順位は一時的に上昇し、民主党鳩山《はとやま》内閣の二〇一〇年には一一位にランクされます。しかし、その後は大きく順位が下落して、第二次安倍内閣がスタートした直後の二〇一三年には五三位、二〇一四年は五九位、二〇一五年は六一位、二〇一六年と二〇一七年には七二位と、低迷を続けます。首相が菅義偉と岸田文雄に代わっても、順位は六〇位代後半と七〇位代前半に留まり、二〇一三年から二〇二三年までの自民党政権一一年間の平均順位は、六六位（六五・七位）でした。

これが、国際的なジャーナリスト組織による日本の「報道の自由度」の評価です。

◆詭弁が蔓延した社会の行き着く先

第一部の《14》で少し触れた通り、日本の小中学校で生徒に「批判的思考」を教える教師の割合は、ＯＥＣＤ加盟国の中では断トツの最下位です。

私が中学校に入学したのは、一九八〇年でしたが、その頃からすでに、学校内の規則に「疑問を抱かず、文句を言わずに黙って従え」と生徒に強制する教師が数多くいました。

そんな服従教育を四〇年近くも続けてきた結果、この国の人々は異様なほどおとなしく、上位者と見なす相手に対して、過剰に従順になってしまったように思います。

政府の政策で自分たちの暮らしの改善が後回しにされたり、自分が払った税金を権力者の身内にばらまかれたりしても、他の民主主義国のように街頭デモで怒りの意思表示をすることもなく、黙って我慢するという態度をとり続ける人が多数派です。

こうした国民側の「過剰な従順さ」や「過剰な物わかりの良さ」も、政治家の詭弁をこれほど社会に蔓延させた原因の一つと言えるかもしれません。

もし、政治家の側に「国民に対して舐《な》めた真似をすれば、権力の座から引きずり下ろされる」という緊張感や恐怖があるなら、相手を愚弄するような詭弁を記者会見などで口にすることもできなくなります。逆に言えば、政治家がかつてないほど自国の政治記者と国民を舐めているから、ふざけた詭弁がこれほど常態化してしまったのだと思います。

政治記者と国民がおとなしすぎるから、政治家に舐められるのです。

このまま社会が詭弁に冒された時代が続けば、日本という国はどうなるでしょう。

本書で指摘した通り、詭弁の論法は「立場が強い者が弱い者に無力感を味わわせるために行なう」場合が多いので、詭弁が社会に蔓延すれば、現在の「立場が強い者が弱い者を圧迫する図式」は固定化され、さらに強化されます。もはや民主主義国だと名乗ることもできないほど、この国の政治は封建時代の幕府のように成り果てています。

そして、論理に対する不誠実は、現実に対する不誠実を意味するので、当座しのぎの詭弁が政治の世界に蔓延するほど、政策面で重大な失敗をしでかす可能性も高まります。「総力戦研究所」の研究結果を無視した東條英機の例を見れば明らかなように、詭弁を使う人間は、現実を正しく把握できないので、失敗する可能性が高いと指摘された政策やプロジェクトでも、自分の野心や願望のために強行しようとします。

その失敗によって大きなしっぺ返しを食らうのは、指導部ではなく、末端の人間です。自己利益のために平気で詭弁を口にする人間には、「責任感」という概念がありません。首相や官房長官に常識レベルの「責任感」があるなら、記者会見で詭弁を使ったりできるはずがありません。自分が詭弁で質問をはぐらかすことによって、結果的に政策の大失敗が引き起こされたとしても、最初から「責任感」がないので、失敗の責任についても、詭弁を弄して部下や外的環境に押し付けるのが常となります。

日本の社会で「一度始めた政策やプロジェクトをなかなか中止できない」のも、こうした「責任感の欠如」が大きな原因であろうと思います。東京五輪や、マイナンバーカードとマイナ保険証、大阪・関西万博で、巨大な公金の浪費（特定企業への偏った支出）などの数多くの問題が指摘されても、指導的立場にある者が誰も中止に言及しないのは、自分たちに「責任」があるとは思っていないからです。

つまり、決定権を握る権力者たちの「責任感の欠如」も、社会の中枢部に詭弁を蔓延させる原因の一つであり、それが新たな問題を発生させるという悪循環を生み出しているとも言えます。

ウソや詭弁には「事実」を変える力はありませんが、大量のウソや詭弁を社会に氾濫させることで、多くの人々の目から「事実」を見えなくする効果が生じます。

ウソや詭弁で覆い隠されてしまった「事実」は、そこに確かに存在しようとも、それを見つけることのできない人々にとっては「無いも同然」となってしまいます。

我々は今、ウソと詭弁という二匹の怪物と本気で戦うべき時期に来ています。

今の大人がその戦いから逃げてばかりいれば、子ども世代の暮らしは今後ますます悪化することが確実だからです。今こそ、勇気と覚悟を持って、怪物と戦うべき時です。

おわりに

言葉や論理を大事にするという、ごく当たり前の考え方と態度。

それが、今の日本社会では信じがたいほど軽んじられているように思います。

私が中学に入った一九八〇年当時は、まだアメリカとソ連を二つの頂点とする「東西冷戦」が世界秩序を形成していました。一方は自由主義と資本主義、もう一方は社会主義と共産主義という、政治と経済の両面で「水と油」のように相容《あいい》れない陣営の対立は、日本国内でも意見の分断と衝突を招いていました。

私の家では、両親がサンケイ（現産経）新聞、祖父母が朝日新聞を購読していたので、私は物心ついた頃から両紙を読み比べて育ちました。ある一つの出来事についても、サンケイと朝日では着目点や重視する側面が異なり、それぞれの論調を突き合わせることで、その出来事を立体的あるいは多面的に見ることができたように思います。

政治や経済、国際問題について、時には両紙の論調が真っ向から衝突することもありましたが、それぞれの言い分には一定の「理」があるように思われました。それゆえ、私は「一方が正しくてもう一方が間違いだ」という二項対立ではなく、「この面ではサンケイの方に理があるように思えるが、別の面では朝日の書いていることも正しい」という風に、勝ち負けとは違う基準で双方の主張を読み比べる習慣がつきました。

国会の審議を子どもの頃から見ていたわけではありませんが、政治の世界でも、与党である自民党の閣僚は、重要な法案の審議で自分たちの主張に合わない事実を野党議員から指摘された時、幼稚な詭弁ではぐらかすようなふざけた態度はとっていなかったように思います。そんな態度は、国民全体を馬鹿にすることを意味するからです。

野党議員から「このような政策は憲法に違反するものだ」と条文内容を根拠に指摘されれば、自民党の首相や大臣は「ご指摘の通り」と、論理的にそれを認めていました。

例えば、日本が攻撃を受けていなくても他国の戦争に日本が主体的に参加（参戦）することを可能にする「集団的自衛権」について、歴代の自民党政権は「憲法違反である」と答弁してきました。防衛庁（現防衛省）が毎年刊行する『防衛白書』の中でも、「わが国が直接攻撃されていないにもかかわらず他国に加えられた武力行使を実力で阻止することは、憲法第九条のもとで許容される実力の行使の範囲を超えるものであり、許されないと考えている」との説明が毎年掲載されていました。

しかし二〇一四年七月一日、自民党の安倍政権は「限定的」や「必要最小限」などの曖昧な文言を紛れ込ませる詭弁で、日本国憲法第九条で明確に禁止された「国権の発動たる戦争」を、時の内閣による判断次第で行なえるかのような解釈変更を法制化しました。『防衛白書』に記された先の文言は、安倍政権の閣議決定翌年の版から削除されました。

二〇二二年一二月一六日には、同じく自民党の岸田政権が「反撃能力」と称して、外国を攻撃可能なミサイルなどの兵器の保有を認める閣議決定を行ないました。

日本が相手国に撃ち込めるミサイルを保有することは、相手国に日本への攻撃を思い留まらせる効果が期待できるから「抑止力になる」というのが政府の説明ですが、それはあくまで「そんな効果が生じて欲しい」という願望」を投影した主観的解釈の詭弁でしかありません。そして、より重要なことは、相手国を攻撃可能な兵器を保有して武力で威嚇する、という防衛政策の大転換で、日本の自衛隊は、憲法第九条で明確に禁止された「武力による威嚇又は武力の行使」を行なえるようになった事実でした。

これほど重要な政策の大転換で、なおかつ明白な憲法違反の政策決定であるにもかかわらず、国会での審議は、私が国会中継やその報道内容で見聞きした限りでは、野党議員の質問を首相や大臣が特定のパターン化した詭弁ではぐらかすような不誠実な対応がほとんどで、憲法との整合性を論理で説明する誠実な行動があったようには見えません。

むしろ、私が異様だと感じたのは、政府側が繰り出す詭弁に対して、政治報道を行なうメディアの側がすっかり無感覚になって、首相や大臣が特定のパターン化した詭弁を口にしても、それが詭弁だと指摘せず、そのまま見出しや記事にしてしまう状況でした。

政治だけでなく、言論の世界においても、詭弁の氾濫という現象が見られます。

ネットでは、一見もっともらしい詭弁で誰かを貶めてあざ笑う人間が「論破王」などと持てはやされたりしていますが、実際には「言いがかりをつけやすい部分」を見つけて、ひたすらその部分の問題だけをあげつらい、自分が論戦で勝ったように見せているだけです。小学生の頃、こういうタイプのいじめっ子をよく見た記憶がありますが、やっていることは大人げない、詭弁で相手を言い負かすだけの不毛な行為です。

言葉や論理を大事にするという、ごく当たり前の考え方と態度を捨てるということは、現実と正面から真摯《しんし》に向き合うことから逃げる、ということです。

第三部で詳しく書きましたが、この国はかつて、現実と正面から真摯に向き合う姿勢を捨て、主観や願望で現実認識を自分たちにとって都合のいい形にねじ曲げ、言葉の言い換えや詭弁で自分たちの行動を正当化しながら、途方もない規模の戦争を始めました。

そして当時の大日本帝国は、内外で多くの人に死と不幸と破壊をもたらしたあと、完敗しました。言葉や論理を大事にせず、現実と正面から真摯に向き合わないようなリーダーたちに、戦争を指導する権限を与えてしまったのは大きな不幸でしたが、当時のメディアと多くの国民もまた、同じような思考の陥穽《かんせい》に、それと気づかずに落ちていました。

いま、日本はさまざまな面で、当時の社会と似通っているようにも思います。

詭弁という、人間の思考を歪めて狂わせるウイルスのような存在を甘く見て、社会に蔓延することを放置していれば、たとえ新たな戦争が起きなくても、戦争とは違う形で、国民が不幸や困窮に直面させられる可能性は少なくないように感じます。

本書の第一部は、二〇二〇年一二月から二〇二一年一二月に、株式会社サイゾーが運営する「ウェジー（wezzy）」というネット媒体（二〇二四年三月三一日にサービス終了）で連載した「山崎雅弘の『詭弁ハンター』」という記事（計一三本）をベースに、加筆修正したものです（発表時とは順序を入れ替え、第一部の《13》は本書のために書き下ろしで追加）。

記事で取り上げた政治問題や社会問題は、当時の各種メディアもそれなりに大きく報じたので、読者の多くも何らかの形で、報道された内容をベースにした認識を今も持たれているのではないかと思います。しかし私は、大手メディアの報道姿勢や説明内容には重要な観点が欠けていると思い、詭弁の分析という角度から、それぞれのテーマを再検証する記事を書きました。

個々の記事を書いた時点では、題材として取り上げた出来事がリアルタイムで進行していましたが、そこで政治家などが口にする詭弁が「論理的に不誠実なごまかし」として社会で認識されずに一般化してしまったら、状況はさらに深刻な方向へと悪化するのではないか、という危機感を胸に抱きながら、事実関係の調査と論理的な分析、原稿の執筆を行ないました。

各記事は、毎月単発で発表され、それなりに高い閲覧数が得られたようですが、一冊の本にまとめてすべての記事を通しで読める体裁になったことで、政治と詭弁のだらしない融合という深刻な社会問題の全体像を、より明瞭な形で読者に提示できたのでは、と思います。

本書に再収録するに当たり、細部でいくつかの修正や加筆は行ないましたが、執筆当時に文章に込めた「臨場感」のようなリアリティが失われないよう、注意を払いました。これらは、何年も前の出来事でありながら、現在の日本社会ともリアルに繋がっていると考えるからです。

なお、詭弁の問題については「詭弁論理学」という学問的な研究も存在しますが、私はその分野の学者ではないので、学問の領域には踏み込まず、我々の日常生活に直接関わる政治問題や時事問題、歴史問題を論理的に読み解く形としました。本書を読まれて、詭弁という論理の詐術に関心を持たれた方は、そちらの文献にも目を向けてみてください。

最後に、祥伝社新書編集部の木村圭輔氏と、本書の編集・製作・販売業務に携わって下さったすべての人に対して、心からの感謝の気持ちと共に、お礼を申し上げます。

そして、本書を執筆するに当たって参考にさせていただいたすべての書物や記事の著者・訳者・編者の方々にも、敬意と共にお礼を申し上げます。

二〇二四年二月

山崎雅弘

★読者のみなさまにお願い

この本をお読みになって、どんな感想をお持ちでしょうか。祥伝社のホームページから書評をお送りいただけたら、ありがたく存じます。今後の企画の参考にさせていただきます。また、次ページの原稿用紙を切り取り、左記まで郵送していただいても結構です。

お寄せいただいた書評は、ご了解のうえ新聞・雑誌などを通じて紹介させていただくこともあります。採用の場合は、特製図書カードを差しあげます。

なお、ご記入いただいたお名前、ご住所、ご連絡先等は、書評紹介の事前了解、謝礼のお届け以外の目的で利用することはありません。また、それらの情報を6カ月を越えて保管することもありません。

〒101－8701（お手紙は郵便番号だけで届きます）
祥伝社　新書編集部
電話03（3265）2310
祥伝社ブックレビュー　www.shodensha.co.jp/bookreview

★本書の購買動機（媒体名、あるいは○をつけてください）

＿＿＿＿新聞の広告を見て	＿＿＿＿誌の広告を見て	＿＿＿＿の書評を見て	＿＿＿＿の Web を見て	書店で見かけて	知人のすすめで

★100字書評……詭《き》弁《べん》社会

名前

住所

年齢

職業

山崎雅弘　やまざき・まさひろ

1967年大阪府生まれ。戦史・紛争史研究家。主な著書に『アイヒマンと日本人』（祥伝社新書）、『この国の同調圧力』（SB 新書）、『ある裁判の戦記』（かもがわ出版）、『第二次世界大戦秘史』『太平洋戦争秘史』（ともに朝日新書）、『［増補版］戦前回帰』（朝日文庫）、『「天皇機関説」事件』『歴史戦と思想戦』『未完の敗戦』（以上、集英社新書）ほか多数。政治問題の論考も新聞・雑誌に寄稿。

Twitter（現 X）アカウントは、@mas__yamazaki

詭弁社会《きべんしゃかい》
——日本《にほん》を蝕《むしば》む〝怪物《かいぶつ》〟の正体《しょうたい》

山崎雅弘《やまざきまさひろ》

2024年 3 月10日　初版第 1 刷発行

発行者……………………辻 浩明
発行所……………………祥伝社《しょうでんしゃ》
〒101-8701　東京都千代田区神田神保町3-3
電話　03(3265)2081(販売部)
電話　03(3265)2310(編集部)
電話　03(3265)3622(業務部)
ホームページ　www.shodensha.co.jp

装丁者……………………盛川和洋
印刷所……………………萩原印刷
製本所……………………ナショナル製本

Printed in Japan　ISBN978-4-396-11696-5　C0295

〈祥伝社新書〉
古代史

510
渡来氏族の謎
秦《はた》氏、東漢《やまとのあや》氏、西文《かわちのふみ》氏、難波吉士《なにわのきし》氏など、厚いヴェールに覆われた実像を追う
歴史学者 加藤謙吉

370
神社が語る古代12氏族の正体
神社がわかれば、古代史の謎が解ける！
歴史作家 関 裕二

469
天皇諡号《しごう》が語る古代史の真相
天皇の死後に贈られた名・諡号から、神武天皇から聖武天皇に至る通史を復元
関 裕二 監修

316
古代道路の謎
奈良時代の巨大国家プロジェクト
巨大な道路はなぜ造られ、廃絶したのか。文化庁文化財調査官が解き明かす
文化庁文化財調査官 近江俊秀

535
古代史から読み解く「日本」のかたち
天孫降臨神話の謎、邪馬台国はどこにあったのか、持統天皇行幸の謎ほか
国際日本文化研究センター教授 倉本一宏
マンガ家 里中満智子

〈祥伝社新書〉
中世・近世史

527
壬申の乱と関ヶ原の戦い
なぜ同じ場所で戦われたのか
「久しぶりに面白い歴史書を読んだ」磯田道史氏激賞
東京大学史料編纂所教授
本郷和人

565
乱と変の日本史
観応の擾乱、応仁の乱、本能寺の変……この国における「勝者の条件」を探る
本郷和人

558
徳川家康の江戸プロジェクト
『家康、江戸を建てる』の直木賞作家が、四二〇年前の都市計画を解き明かす
小説家
門井慶喜

595
日本史を変えた八人の将軍
将軍が日本史におよぼした影響から、この国を支配する条件を読み解く
本郷和人
門井慶喜

658
「お金」で読む日本史
源頼朝の年収、武田信玄の軍資金……現在のお金に換算すると？
本郷和人／監修
BSフジ「この歴史、おいくら？」制作班／編

〈祥伝社新書〉
経済を知る

498
総合商社
その「強さ」と、日本企業の「次」を探る
なぜ日本にだけ存在し、生き残ることができたのか。最強のビジネスモデルを解説
専修大学教授
田中隆之

650
なぜ信用金庫は生き残るのか
激変する金融業界を徹底取材。生き残る企業のヒントがここに！
日刊工業新聞社千葉支局長
鳥羽田継之

625
カルトブランディング
顧客を熱狂させる技法
グローバル企業が取り入れる新しいブランディング手法を徹底解説
マーケティングコンサルタント
田中森士

636
世界を変える5つのテクノロジー
SDGs、ESGの最前線
2030年を生き抜く企業のサステナブル戦略を徹底解説
ベンチャー投資家・京都大学経営管理大学院客員教授
山本康正

660
なぜ日本企業はゲームチェンジャーになれないのか
――イノベーションの興亡と未来
山本康正

〈祥伝社新書〉
令和・日本を読み解く

683
闇バイト
凶悪化する若者のリアル
犯罪社会学の専門家が当事者を取材。身近に潜む脅威を明らかにする
犯罪社会学者
廣末　登

622
老後レス社会
死ぬまで働かないと生活できない時代
「一億総活躍」の過酷な現実と悲惨な未来を描出する
朝日新聞特別取材班

676
どうする財源
貨幣論で読み解く税と財政の仕組み
「日本は財政破綻しませんし、増税の必要もありません。なぜなら――」
評論家
中野剛志

666
スタグフレーション
生活を直撃する経済危機
賃金が上がらず、物価だけが上昇するなか、いかにして生活を守るか
経済評論家
加谷珪一

652
2030年の東京
『未来の年表』著者と『空き家問題』著者が徹底対談。近未来を可視化する
作家、ジャーナリスト
河合雅司
不動産プロデューサー
牧野知弘